《新版》

バスク語のしくみ

吉田浩美
………▶著

白水社

収録音源は無料でダウンロードできます。

http://www.hakusuisha.co.jp/language/shikumi.php

まえがき

　昨今，グルメやサッカーでバスク地方がより広く知られるようになるにつれ，バスク語の存在も認知されるようになってきましたが，皆さんはバスク語に対してどんなイメージを抱いていらっしゃるでしょうか．「西ヨーロッパの片隅でフランス語とスペイン語という大言語に挟まれて細々と生きている少数民族語」，「欧州にありながらそのルーツが未だに不明の謎の言語」，「悪魔が罰としてその習得を命じられた言語」... どんなイメージでもいいのです，ともかく「本当のところどうなのか」を知るためにこの本を開いてみませんか？　ハッとするような新発見があるかも知れませんし，また，日本語の母語話者には意外と学びやすいかもしれませんよ．そして，バスクを訪れる機会があったら，ぜひバスク語で何かひとこと発してみてください．そこからバスクの皆さんとのふれあいが始まることでしょう．本書が少しでもそのお役に立てれば，これほど嬉しいことはありません．

　この本を作るにあたり多くの方々のお力をお借りしました．ホセ＝ルイス・オタメンディ（Jose Luis Otamendi）さんはたくさんの質問に丁寧に答えてくださいました．コルド・アルダルル（Koldo Aldalur）さんのご一家は 30 年近くにわたり筆者のフィールドワークを支えてくださっています．アンデル・アギレサバラガ（Ander Agirrezabalaga）さんとガラシ・ガライ（Garazi Garai）さんは写真を提供してくださいました．トマス・エセイサバレナ（Tomas Ezeizabarrena）先生は音源の吹き込みをしてくださいました．そして白水社の岩堀雅己さんには本書の旧版で，鈴木裕子さんには今回の新版でたいへんお世話になりました．心よりお礼を申し上げます．ありがとうございました．

　では，バスク語の世界への扉を開けてみましょうか．

　2021 年秋

著　者

目次

まえがき　3

1章
文字と発音のしくみ........................ 8

コラム：音から語へ　18

2章
書き方と語のしくみ........................ 22

コラム：語から文へ　32

3章
文のしくみ........................ 36

コラム：基本的な文法用語について　46

コラム：バスク語の3大特徴　48

ii

1章
区別のしくみ……………………… 52

2章
人と時間のしくみ……………………… 76

3章
「てにをは」のしくみ……………………… 100

4章
数のしくみ……………………… 124

5章
実際のしくみ……………………… 132

参考図書ガイド　146

イラスト：九重加奈子
装丁：東幸央（協力：中山デザイン事務所）

1 文字と発音のしくみ

【ともかく読んでみよう】

　バスク語では表記にラテン文字を用いますので，新たな文字を学んでいただく必要はないのですが，さて，どんな読み方をするのでしょう．皆さんなら，次の二つのバスク語の文を，「とりあえず読んでごらん」と言われたらどんなふうに読みますか？

Tomatea da.
Kafea da.

　ローマ字風に読むと，それぞれ［トマテア　ダ］［カフェア　ダ］と読みたくなると思います．そうなのです，実はそれでよいのです．いわゆる日本語をローマ字式に読む時のように読むのが基本と考えてよいのです．kafea の f は英語の fine や fun の f と同じように発音するものと考えてください（この音を本書では［ファ・フィ・フ・フェ・フォ］のように表記します）．なかには日本語のローマ字読みの規則に合わないもの，見慣れないものもありますが，少しだけです．母音も a, i, u, e, o の五つですから私たちにとっては聞き取りも比較的楽であると言えます．

　さて，読めたところで，では意味はどうでしょう？　上の二つの文のうち，tomatea, kafea の部分はそれぞれどんな意味だと思いますか？　なんとなく予測がつくのではないでしょうか？　そう，tomatea は「トマト」，kafea は「コーヒー」です．どちらもバスクの台所に必ずあると言ってよいものです．そして，da は，まさしく発音もそのまま日本語の「〜だ」に当たります．Tomatea da. は「トマトだ」，Kafea da. は「コーヒーだ」という意味を表すわけです．

　では次に，上の二つの文に 1 語加えてみましょう．

Hau tomatea da.

Hau kafea da.

　それぞれ「これはトマトだ」「これはコーヒーだ」を表しますが,「これは」に相当するのがどれかは一目瞭然ですね. そう, hau が「これは」にあたります. 発音は, フランス領バスクの話者は［ハウ］と発音しますが, スペイン領バスクの話者は h を発音せずに［アウ］と発音します. 本書では付属の音源のナレーターさんの発音に合わせ, h は発音しないことにします. さて, この hau［アウ］ですが,［ア］と［ウ］をそれぞれはっきり発音するのでなく,［ア］だけを強めに,［ウ］は添えるだけの感じで一気に［アウ］と言います. では上の文を読んでみましょう.［アウ　トマテア　ダ］［アウ　カフェア　ダ］と読めますね.

　ここまでで, バスク語の文字は基本的にいわゆる「ローマ字読み」であること, h は発音しなくてもよいことがわかりました.

　ところで, 発音のもう一つの大事な要素であるアクセントはどうなっているのか, 気になるところですよね. 実は, アクセントについては標準的なものが定められておらず, 方言によってさまざまなのです. バスク語の話者は, 標準語で話すときも各自の方言のアクセントを持ち込むことになるわけです. 幸い本書には音源がありますから, アクセントを含む発音全体をぜひ音源で確認していただきたいと思います.

　ではここで学んだことを踏まえつつ, さらに先へ進んでみましょう.

【「ラリルレロ」もいろいろ】

　前のページでせっかくバスクの台所へ入りましたから，何か簡単な料理でもしてみたいですね．バスク人は食べることが大好きですし，男性で料理好きな人も多いんですよ．

　さて，多くの料理に欠かせないのが，まずなんと言っても「油」です．では，油をフライパンに入れましょう...おっと，油かと思ったら，

　Hau ura da!　これは水だ！

　間違えて水を入れてしまいました．「水」に相当するのはどの語でしょう？　そう，ura ですね．この ura の r のように「母音と母音の間に挟まれている r」は，ローマ字式で日本語のラ行の子音のように発音します．決して英語の r のようにはなりません．したがって ura は［ウラ］となりますね．また，ura の u もちょっと注意が必要で，日本語の［ウ］と違い，うんと唇を丸めて，ちょうど口笛を吹く時のような口の形をして発音します．u 以外の母音 a, i, e, o は日本語と同じように発音してかまいません．

　さて，油はどこかしら？　ここにもう一つ瓶がありますが...あれっ，

　Hau ardoa da!　これはワインだ！

　また間違えてしまいました．「ワイン」に当たる語は...ardoa ですね．ここにも r がありますが，先ほどの ura の r と違い，ardoa の r は子音の直前にあります．このような場合の r は，日本語のラ行音のように発音する人もいますが，いわゆる巻き舌のラ行音のように発音する人が多いのです．そこで本書ではこの「子音の直前の r」を巻き舌で発音するものとして扱うこととします．この巻き舌のラ行音を［ラ・リ・ル・レ・ロ］と下線

付きで表記します．ardoa は［ア<u>ル</u>ドア］と発音します．同じことが子音の直後にある r にも言えます．これらはちょっと注意が必要ですね．

さて，そっちにもう一つ別の瓶がありますが，

Hori olioa da.　それは油だ．

hori は［オリ］で「それは」，すると「油」に相当するのは...？　olioa ですね．olioa の l は日本語にはない音ですが，英語の look や let's などに開かれる l と同じと思ってください．舌の先を上の前歯の裏から歯茎にかけてのあたりに付けて「ラリルレロ」と言うつもりで発音してみてください．この音を本書では「ら・り・る・れ・ろ」とひらがなで表記します．olioa は［オリオア］となりますね．

さて，olioa が見つかったところで，バスクの人たちが大好きな野菜を炒めることにしましょう．この野菜は何ですか？

Hau piperra da.

piperra はピーマン・シシトウの類の総称ですが，フレッシュなグリーンのもののほか，瓶詰めで売られている肉厚の赤ピーマンが大変ポピュラーです．さて，この piperra の rr のように r が二つ並んで出てきたら，これも巻き舌のラ行音です．piperra は［ピペ<u>ラ</u>］です．

piperra を olioa で炒めたのを ardoa とともに堪能したところで，バスクの台所とはひとまずお別れしましょう．お別れのあいさつは──

Agur.

語の終わりに r が単独で現れていますが，このような語末の r も巻き舌のラ行音で発音されることが多いのです．agur は［アグ<u>ル</u>］と読むわけです．

【サ行がいろいろ：zとsとxはどう違う？】

　ここでは，よく似た音のzとsとxのトリオの正体を探っていきましょう．まずはバスクの諺から．

　Xoria ezagun da lumatik.

　xoria は「（小）鳥」，ezagun da の部分が「わかる」，lumatik は「羽から」，全体として「鳥はその羽でもって知られる」という意味で，「人もその外見から人柄が知られてしまうことがある」という教訓を含んでいます．

　さて，xoria の x ですが，これは日本語の「シャ行」の子音のような音と結びついています．xi は日本語の「シ」のように発音してかまいません（日本語のシャ行音を発音するときに比べ，より唇を突き出す感じで発音されますが，それほど神経質になることはないでしょう）．この音を「シャ・シ・シュ・シェ・ショ」と表記することとします．すると xoria の発音は？　そう，［ショリア］です．

　次に ezagun の z ですが，バスク語の z は日本語のローマ字読みと違い，ザ行音でなくサ行音と結びつきます．したがって，ezagun はどう読むかというと，［エサグン］ですね．諺全体の発音は［ショリア　エサグン　ダ　るマティク］となります．なお，lumatik のように k で終わる語では，k が ku にならないよう注意してくださいね．

　次も諺です．

　Osasuna, paregabeko ondasuna.

　osasuna は「健康」，paregabeko は「比類のない」，ondasuna は「財産」の意です．すると，意味はわかりそうですね？　そう，全体として「健

康は比類なき財産」ということです．この諺の 3 カ所に s の字が見られ
ますが，とりあえず素直に読むとすればどんなふうに読みますか？　お
およそ「オサスナ　パレガベコ　オンダスナ」のように読めたのではな
いかと思います．これでほぼ正解なのですが，この s が表す音，これが
実は日本語にはない音なのです．したがってちょっと練習が必要です．

　バスク語の z と s の違いですが，za と sa を例にすると，まず普通に
za「サ」と言うときの舌先の位置を確認してください．舌の先端が，下
の歯茎の裏あたりに落ち着いているはずです．それに対し sa は，舌の
先端部分をほんの少し持ち上げた感じで発音します．その感じで「さし
すせそ」と言ってみてください．聞いた感じは，za「サ」と xa「シャ」
の中間の音のように聞こえるかもしれません．si だけは日本語の「シ」
のように発音してもかまいません．ともあれ，なにしろ日本語にない音
ですので，ぜひ音源で実際の音を聞いて練習してみてください．この s
の音はひらがなで「さ・し・す・せ・そ」と表すことにしますので，上
の諺の発音は ［オさすナ　パレガベコ　オンダすナ］ となるわけです．

　最後になぞなぞをひとつ挙げましょう．

Azukrea bezalakoa, zuria ; azukrea ez bezalakoa, gazia.

　最初の諺で学んだ z がたくさん出てきますが，最後の gazia の zi は
「シ」でなく，［スィ］を一気に発音する感じです．これだけ注意して
ください．［アスク<u>レ</u>ア　べさらコア　スリア：アスク<u>レ</u>ア　エス　べ
さらコア　ガスィア］ と読めましたね．azukrea は「砂糖」，bezalakoa
は「〜のようなもの」，zuria は「白い」，ez は「〜でない」，gazia は「しょっ
ぱい」の意味で，全体をなぞなぞらしく訳すと「砂糖と同じで白いけど，
砂糖とちがってしょっぱいもの，な〜んだ？」とでもなりましょうか．

【サ行に t がくっつくと...】

　前のページの最後に挙げたなぞなぞの答えをバスク語で言いますと，

　Hori gatza da.　それは塩だ.

です.「塩」に当たる部分は，ご明察のとおり gatza ですが，このなか
に t と z が組み合わさった tz という部分がありますね. この発音はど
うかというと，日本語の「ツァ・ツィ・ツ・ツェ・ツォ」の子音のよう
に発音します. したがって gatza の発音は？　［ガツァ］ですね. 日本
語のネイティヴ・スピーカーである私たちにはやさしい音ですね.

　ここで，なぞなぞをもう一つ.

　Kutxa txikia, aizkoraz beterik.　小さい櫃(ひつ)，斧でいっぱい.

　後半部の aizkoraz「斧で」，beterik「いっぱいで」はすでに学んだ発
音ばかり含んでいます. そう，［アイスコラス　ベテリク］です. 一方，
前半部の kutxa「櫃，（蓋付きの）箱」と txikia「小さい」には，tx と
いう組み合わせが見えますね. これはどんな音を表すかというと「チャ・
チ・チュ・チェ・チョ」の子音を表します. x のときと同じように，唇
を通常よりもうんと前に突き出して発音すればよりバスク語らしくな
りますが，これもそう神経質にならなくても大丈夫です. すると kutxa
と txikia はどう発音しますか？　そう，［クチャ］と［チキア］ですね.
なぞなぞらしく訳すと「斧でいっぱいの小さい箱，な〜んだ？」と言っ
たところです. 答えはおわかりですか？　ahoa「口」ですって！

　次に諺をもう一つ挙げましょう.

　Kanpoan uso, etxean otso.　外では鳩，家では狼.

　日本語の「内弁慶」に相当する表現です．バスクにも「内弁慶」さんが昔からいるのですね．さて，kanpoan「外で」，uso「鳩」は読めましたか？［カンポアン　ウそ］ですね．次の etxean「家で」には今学んだばかりの tx が現れていますが，すると etxean の読み方は？　そうです，［エチェアン］ですね．

　そしてもう一つ，最後の語 otso「狼」には ts という組み合わせが現れています．この tso の発音はというと，uso「鳩」の so のときと同じ舌の構えにして，すなわち，舌の先端部分を，下の歯茎の裏に落ち着かせずに，ほんの少し浮かせて「チョ」と言うつもりで発音してみてください．響きとしては，「チョ」と「ツォ」の中間のような音に感じられるかもしれません．ts のあとに o 以外の母音が付いているときも同じ要領です．この音を本書では「ちゃ・ち・ちゅ・ちぇ・ちょ」とひらがなで表記します．otso は，すなわち［オちょ］となりますね．前に見た z, x, s のトリオ，そしてこれらに t が付いた tz, tx, ts のトリオは，バスク語の音声のなかでも特徴的なものであると言えます．

　では，最後にもう一つ諺を見てみましょう．

Zahar hitzak, zuhur hitzak.　古いことばは賢いことば．

　読めましたね？［サアル　イツァク　スウル　イツァク］ですね．意味は，zahar が「古い」，hitzak が「ことば」，zuhur が「分別のある」ということで，「昔のことばは賢いことば」，すなわち「諺や言い習わしなど，古くから言い伝えられていることばはなるほどと思わせる賢いものばかりである」というほどの意味です．バスク人だけでなく，私たちが聞いても「なるほど！」と思える諺ですね．

【 j の音はひとつではない】

文字と発音もあと少しです. またなぞなぞから確かめましょう.

Zuhaitz txiki eta bajua ; Buru zuria, berdez jantzia.

zuhaitz「木」, txiki「小さい」, eta「そして」, bajua「低い」, buru「頭」, zuria「白い」, berdez「緑色で」, jantzia「着ている」で, 全体の意味は「小さくて背の低い木, 頭が白くて, 緑色の服を着ているもの」です. このなかに j を含む語が二つありますが, それ以外の語の発音はもう大丈夫ですね? 前から［スアイツ］,［チキ］,［エタ］,［ブル］,［スリア］,［ベルデス］ですね. さて, 文末の語 jantzia の j は, 発音の仕方が 2 通りあります. ひとつは日本語のヤ行音のような音, もうひとつは強いハ行音のような音です. つまり jantzia は［ヤンツィア］または［ハンツィア］と発音されます. どちらでもよいのです. ところが, 前から 4 番目の bajua の ju は強いハ行音の［フ］で［バフア］とのみ発音され, ju を［ユ］と言うことはありません. 逆に, jogurta「ヨーグルト」は［ヨグルタ］となり, jo を強い［ホ］のように発音することはありません. このように, j はどちらに発音してもよい場合と, どちらかの発音に決まっている場合と, 二つのタイプがあるわけです. ただ, どっちのタイプであるかはある程度傾向が決まっています. 強いハ行音になるのは, スペイン語からの外来語に多いと言えます. ヤ行音になるものは上の jogurta のほかいくつかの人名など少数です. そこで本書では, 必ずヤ行音になるものはごく少数なので, これらを除いてすべて強いハ行音でいきたいと思います.

ところで, この強いハ行音を出すコツですが, 口の中の舌の位置は「カ」と言うときとほぼ同じです.「カ」と言うとき, 舌の中ほどの面が口の

天井に一瞬くっつきますね？　強い「ハ」を出すには，「カ」と言うときほど舌を口の天井にしっかり付けずに「カ」と言おうとしてみてください．すると摩擦するような強い「ハ」のような音が出ると思います．強い「ヒフヘホ」も「キクケコ」の構えで同じ要領でやってみてください．難しいな，と感じる方はともかくハ行を強く出すというつもりで発音してください．なお，なぞなぞの答えは tipula「玉葱」ですって！

　あともう少し発音にお付き合いくださいね．tt と dd なるものがあります．どちらも少数の語に出てくるだけです．またなぞなぞです．

Gizon ttiki, txapel handi.

gizon「男」，ttiki「小さい」，txapel「ベレー帽」，handi「大きい」で，全体の意味は「ちっちゃな男，大きなベレー」です．ttiki 以外の語の発音はよろしいですか？　［ギソン］，［チャペる］，［アンディ］ですね．さて，ttiki ですが，語頭の tti は通常の ti「ティ」よりももっと「チ」に近い感じで［ティキ］と発音します．ttu ならば［テュ］です．tta, tte, tto は，まず ti「ティ」の発音をつかんだうえで，［ティャ］［ティェ］［ティョ］を素早く一気に発音してみてください．これら tta/tti/ttu/tte/tto を本書では「ティャ・ティ・テュ・ティェ・ティョ」と記すこととします．

　このなぞなぞの答えは，

——Onddoa.

「きのこ」です．この dd は tt のときと同じ舌の位置で発音します．ddo は［ディョ］を素早く一気に発音すると近い音が出るはずです．すなわち，onddoa は［オンディョア］のような感じです．きのこはバスクの秋の代表的な食材で，きのこ採りの名人もたくさんいるんですよ．

こんな発音もある

文字と発音，ほぼ出揃いましたが，こんなのもあります．

まずñです．ごく一部の固有名詞などに使われるだけですが，これは「ニャ・ニ・ニュ・ニェ・ニョ」の音です．すると，たとえば，Iñakiは大変ポピュラーな男子の名ですが，どう読みますか？　そうですね，[イニャキ] と発音しますね．

また，ñだけでなく，iの直後にnがある場合もこの発音になることがあります．たとえばarraina「魚」は [アラニャ] または [アライニャ] となります．

llはスペイン語から取り入れた語におもに見られます．たとえば，tortilla「オムレツ」，この語はスペイン語からつづりもそのまま取り入れられました．これを発音するには，まず舌の前方の面を口の天井にべたーっとくっつけて，そのまま「リャ・リ・リュ・リェ・リョ」と言うつもりで発音してみてください（この音をひらがなで「りゃ・り・りゅ・りぇ・りょ」と表記します）．すると [トルティりゃ] となりますね．また，iの直後のlもこの発音になることがあります．たとえば，opila「小型のパン・菓子パンの類」．これは [オピりゃ] と発音されることがあります．

iの直後にnやlがある場合で「ニャ行音」「りゃ行音」にならない語もあります．たとえばzinema「映画館」ですが，これはiのすぐ後ろにnがありますが，通常 [スィネマ] ですし，kilogramo「キログラム」やkilometro「キロメートル」のkilo-も，iのすぐ後ろにlがありますが「キりょ」とはならず [キろグラモ][キろメトロ] となりますので，これも個々に確かめる必要がありますね．

コラム

音のつながりかた

....

　書くと二つ以上の単語に分かれているけれど，発音するときは一気に一つの語のように発音しなければならない場合があります．たとえば，少し前に出てきた次の諺で練習してみましょう．

　Zahar hitzak, zuhur hitzak.　　古いことばは賢いことば.

　zahar は子音で終わっており，次の語 hitzak は，h は発音されませんので，［イ］という母音で始まっています．そして，zahar「古い」と hitzak「ことば」は結び付きが強いため，この二つの語は「サアル・イッァク」と一つ一つ別々に言う感じでなく，続けて一気に発音されることがあります．すると，zahar の語末の r と，hitzak の語頭の音［イ］が自然に繋がってしまい，［サアリツァク］のように発音されます．次の，zuhur hitzak「賢いことば」という繋がりにおいても同様です．zuhur の r と hitzak の語頭の音［イ］が繋がり，［スウリツァク］のように発音されるというわけです．

　また，前に見たなぞなぞにおいても同じです．

　Gizon ttiki, txapel handi.　　ちっちゃな男，大きなベレー.

　txapel「ベレー帽」と handi「大きい」の結び付きは固く，［チャペる・アンディ］と一つ一つ区切って言うのでなく，一つの語であるかのように一気に発音しますので，txapel の語末の l と handi の ha（これも h が発音されないので，［ア］という母音です）が繋がり，［チャペらンディ］のように発音されます．

....

見てすぐに意味がわかるバスク語の単語

tomatea や kafea のように，見ただけで私たちにもすぐに意味がわかってしまうバスク語の単語があります．これらは外国語から入ってきたものなので，バスク語を知らなくても英語などの知識から容易に意味や音の想像がつくわけです．たとえば，whiskia, bloga などです．それぞれ意味は「ウイスキー」と「ブログ」で，発音は［ウィすキア］と［ブロガ］ですね．これらは意味だけでなく，発音ももとの言語とあまり違いませんね．w は c，q，v，y とともに普通はバスク語では用いない文字ですが，外国語から語を取りこむときは，このようにもとのつづりをそのまま採用することがよくあります．

robota, parkinga, walkmana はどうでしょう．これらは意味も一目瞭然ならつづりも英語式であることが明白ですが，発音が英語とはちょっと違います．robota の意味は「ロボット」ですが，発音は［ロボタ］，すなわち r が巻き舌の r です．バスク語では普通語頭に r は立ちませんが，外来語ではあり得ます．その際の発音は「巻き舌の r」と言うわけです．parkinga は「駐車場」ですが，［パルキニャ］と発音されます．つまり，あたかも g がないかのように発音されるわけです．walkmana は言わずと知れた「ウォークマン」ですが，l を無視せず k を無視し［ウォるマナ］または［ワるマナ］と発音されるようです．telebista, koktela などは姿形がやや見慣れないものになっていますが，意味の推測はつきますね．前者は「テレビ」のことで発音は［テレビすタ］．後者はちょっと姿を変えすぎているかな？　でも，おしゃれなバーなどで誰かがこの語を［コクテら］と発音しているのを聞けば，「カクテル」のことだ！ときっとわかることでしょう．

コラム

バスク語と日本語

　バスク語にのなかには日本語の単語もいくつか入っています。karaoke, judo, kaki, tsunami などが有名ですが，いずれもバスクだけでなく世界の多くの地域で知られているものですね．バスクではカラオケ自体はそれほど普及しているとは言えないようですが，judo は愛好者が多いのです．この語は j を含みますが，［ユド］あるいは［ジュド］のように発音されています．kaki は世界に広まった「柿」ですが，おもしろいことに，これに「〜の木」を表す -ondoa を付けた kakiondoa「柿の木」（カキオンドア）という語ができています．tsunami は，語頭の ts の部分をバスク語の ts 式に［ちゅナミ］と発音しがちですので，日本語の母語話者としては「tzunami」と書いてみせて「この方が日本語の発音にずっと近くなるよ」などとつい言いたくなります．また近年は日本の食材を積極的にとり入れる人が増加中で，miso ［ミそ］, tofu ［トフ］（［トーフ］とはなりません）などの語も知られるようになりました．

　逆に，最近日本でよく見かける「バスク語的な語」があります．それは pintxos「ピンチョス」とつづられる語です．スペイン料理店や，スペイン式の居酒屋でよく見かけるものですが，一口大のおつまみ類の総称ですね．カタカナで「ピンチョス」と書いてあったりもします．もとはスペイン語の pincho という語がバスク語に取り入れられたもので，バスク語式に pintxo と綴られます．これにさらにスペイン語の複数形のしるし s が付いた pintxos の形で日本語の中で使われている，という，複雑な経路を辿ったものなのです．

2 書き方と語のしくみ

【バスク語のアルファベット】

バスク語で使う文字はいわゆるラテン文字で，そのアルファベットは次の 27 文字です．アルファベットのことをバスク語では alfabetoa と言います．英語などと同様，大文字と小文字を用います．文の最初の文字，固有名詞の最初の文字は大文字で書きます．英語と違い，月の名称や曜日の名称の最初の文字を大文字で書くということはしません．

C，Q，V，W，Y は外来語にのみ使用されます．外来語はもとの言語のつづりをそのまま取り入れることが多いからです．また，RR，DD，TT，TS，TX，TZ など，2 文字でひとつの音を表すものは辞書では独立の項目になっておらず，RR は R の項に，DD は D の項に，TT，TS，TX，TZ はすべて T の項にアルファベットの順番に入っています．

alfabetoa の文字一つ一つにも読み方がありますが，大文字の略語などはこの読み方で読みます．たとえば，CD，DVD はそれぞれ［セデ］，［デウベデ］となります．これらの意味は日本語で使う場合と同じなのでおわかりと思います．AEB［アエベ］はある国の略称ですが，いったいどこの国かというと，これは「アメリカ合衆国」のことです．Ameriketako Estatu Batuak のそれぞれの頭文字なのですね．

欧州連合はバスク語では Europako Batasuna と言いますが，略すと EB となるわけです．国連はちょっと長めで Nazio Batuen Erakundea と言いますが，これは NBE となります．私たちが日本語のなかで「ナトー（NATO）」と略称している北大西洋条約機構はバスク語では Ipar Atlantikoko Itunaren Erakundea と言いますので，頭文字をとって略すと IAIE という形が期待されますが，これだと発音しづらいからか，なぜか NATO と略称されており，読み方も各文字の読み方にしたがう

のでなく，つづりとして［ナト］と読むのが通例となっています．

【手書き文字】

　バスクの人の手書き文字を見てみましょう．まず右ページの上の写真をご覧ください．これはクリスマスカードの文面です．

　いちばん上に EGUBERRI ON!!! とありますが，EGUBERRI は「クリスマス」，ON は「良い」で，「クリスマスおめでとう／メリークリスマス」に相当します．ETA は「～と～」を表します．次の URTE BERRI ON!!! の URTE は「年」，BERRI は「新しい」，ON はさきほどの「良い」で「新年おめでとう」に相当します．このように，クリスマスのあいさつと新年のあいさつをいっぺんにしてしまいます．最後の ZORIONAK!!! は「おめでとう」の意で，誕生日，試験に合格したとき，試合に勝ったときなど，ともかくめでたいときに使えることばです．また，全部大文字で書いたり，「！」を三つも書いたりするのは，カードならではのことでもあり，個人の好みにもよるものです．

　カードのなかをちょっと見てみると（右ページ下の写真），冒頭に Kaixo! Zer moduz zaudete? とあります．kaixo は英語の hello に相当するあいさつです．Zer moduz zaudete? は「あなたたちは元気ですか」を意味します．それにしてもとても几帳面な字で書かれていますね．

　下のイラストは，Olentzero という名のクリスマスのキャラクターです．酒飲みで大食漢の炭焼き職人のイメージで，クリスマスにプレゼントを持って来てくれる，サンタクロースのような存在です．

EGUBERRI ON!!!
ETA
URTE BERRI ON!!!
☆ ☆
ZORIONAK!!!

Kaixo!
Zer moduz zaudete?
DBH 4-ko ikasleak ga
eta 15 urte ditugu.

【語の合体】

　他の言語同様，バスク語でも語と語を組み合わせて新たな語を作り出すことができます.

　家の中に入ってみると，gela「部屋」という語の前にさまざまな語をくっつけた「〜間」「〜室（ゲら）」という語がいろいろあります. たとえば，gela の前に lo「眠り」, egon「ある，居る」, jan「食べる」を付けてできた logela, egongela, jangela がどの部屋を指すか，もうおわかりですね. そうです，それぞれ「寝室」,「居間」,「食堂」というわけです. 台所は "〜 gela" という形ではなく，sukaldea と言います. sukaldea（スカるデア）はバスクの家の中ではもっとも大切な場所ですから，前の章でもちょっと入ってみましたけど，また入ってみましょう. ここにも「合体してできた語」がいろいろありますよ. たとえば，ontzia「容器」の前にさまざまな語を付けてできた語がいっぱいあります. kafe「コーヒー」が付いた kafeontzia, gatz「塩」と繋がった gatzontzia, zakar「ごみ」と連結した zakarrontzia……これらも意味は容易に想像できますね. それぞれ「コーヒーメーカー／コーヒーポット」,「塩入れ」,「ゴミ箱」です.

　街の中へ出てみると，ここでも合体してできた語がいろいろ見られます. denda「店」という語の前にさまざまな語を付けると「〜店」という語ができます. liburu「本」, jantzi「衣類」, janari「食べ物」, zapata「靴」を denda の前に付けて，liburu-denda「書店」, jantzi-denda「洋品店」, janari-denda「食料品店」, zapata-denda「靴店」とすると，お店屋さんの名称が四つできましたね. これらのように，語と語の間にハイフンを入れて書く決まりになっている語もあります.

　etxea「家」の前に他の語をくっつけてできた語も街のそここに見られます. udal「市町村」を etxea にくっつけた udaletxea, posta「郵

便」と合体させた postetxea，jan「食べる」と結んだ jatetxea，これら
も意味を推測するのは容易ですよね．それぞれ「市町村役場」，「郵便局」，
「レストラン」というわけです．注意すべきは，posta と etxea が結び
つくとき，posta の語末の a が落ちること，jan と etxea の合体では jan
の n が落ちて t が入っている点です．語と語の合体の際にはこのような
ちっちゃな変化が起こることがよくあります．

　kirola「スポーツ」の名前にも合体した語が見られます．baloia「（大
型の）ボール」に saski「かご」が付いた saskibaloia，そして esku「手」
が付いた eskubaloia は？　一目瞭然，「バスケットボール」と「ハンド
ボール」ですね．どちらもバスクでたいへん人気の高い競技です．もっ
ともポピュラーな kirola であるサッカーは，futbola（t はほとんど発
音されません）と言い，英語を語源としています．バスクの伝統的なス
ポーツに pilota-jokoa という球技があります．pilota とは「小型のボー
ル」，jokoa とは「ゲーム，試合」のことです．これは三方を壁に囲ま
れた空間で競技者全員が同じ方向を向いて壁に向かって pilota を打ち
合うというもので，世代を超えてとても人気があります．

　jokoa「ゲーム，試合」と他の要素が合体する例はほかにもありま
す．たとえば，「カード，トランプ」を表す karta と jokoa が合体して
karta-jokoa という語ができます．これはもちろん，「カードゲーム，ト
ランプゲーム」ということですね．変わったところでは，azpi「下」と
合体した azpijokoa（この場合はハイフンはなしです）は，なんと「計略，
策謀，悪だくみ」を表します．

　語と語が合体する時，間にハイフンを入れるか入れないかは個別に決
まっています．

【バスク語の名字】

　バスク人の氏名は，日本と違い，個人名を先に，次に名字を言います．スペイン領バスクではスペインの法律に従い，氏名は次のような構成になっています．これはある男子の名前です．

Xabier　Ugartemendia Garaizabal
シャビエル　　ウガルテメンディア　　ガライサバル

　Xabier が名前，Ugartemendia と Garaizabal が名字です．なぜ名字が二つあるのか．この人の両親の氏名を見てみましょう．

父：Mikel Ugartemendia Zubiaurre
　　ミケル　　　　　　　　スビアウレ
母：Idoia Garaizabal Etxegoien
　　イドイア　　　　　　　エチェゴイエン

　これを見るとわかるように，スペイン領では結婚しても名字は変わらないので，シャビエル（Xabier）君の両親も各自二つずつ名字があります．息子のシャビエル君は，父の第一の名字と，母の第一の名字をもらい，「父のもの＋母のもの」という順番で並べる，というわけです．父の Mikel も母の Idoia も，その最初の名字は自分の父の第一の名字であり，2番目の名字は自分の母の第一の名字であるというわけです．シャビエル君はさらに厳密に名乗るなら，両親の第二の名字も並べて，Xabier Ugartemendia Garaizabal Zubiaurre Etxegoien となります．ところがよく考えると，両親もそれぞれ四つずつ並べられるはずであり，その親たちもそのまた親たちも同じようにできるはずですから，名字はどんどん遡って延々と繋がっていく，ということになります．そこで「ぼく，名字を16個遡って言えるよ」とか「私なんか24個言えるわ」という自慢話（そう，まさに自慢なのです）に花を咲かせることになります．フランス領バスクではフランスの法律に則り，名字は一つです．

　さて，シャビエル君の一家の名字を見て，皆さんは「バスク語の名字って長いのばっかりだなあ」と思われたかもしれません．確かに，総じて長い名字が多いと言えます．それは多くの名字が「語と語の合体」によってできているからです．シャビエル君の四つの名字を見てみますと，Ugartemendia は，ugarte「島」＋ mendia「山」，Garaizabal は garai「高い（所）」＋ zabal「広い」（以前，この名字を持つバスク人の方が東京にお住まいでしたが，自らの名字を「日本語にすると平山ね」とおっしゃっていました），Zubiaurre は zubi「橋」＋ aurre「前」，Etxegoien は etxe「家」＋ goien「最も高い」という構成です．

　さて，スペイン領バスクにおける「バスク語的な」名字ベスト5を見てみましょう．

1. Agirre/Aguirre　　2. Etxeberria/Echeverría　　3. Bilbao
　アギレ　　アギレ　　　　　エチェベリア　　エチェベリア　　　　ビルバオ

4. Etxebarria/Echevarría　　　5. Zabala/Zavala
　エチェバリア　　エチェバリア　　　　サバら　　サバら

つづりが2通りあるのは，前者がバスク語式，後者がスペイン語式で，両方が併存しているのです．これらはすべて「バスク語的な」，すなわち，語源はともかく，伝統的にバスク特有のものであるとみなされているものです．2と4は酷似していますね．これらは明らかに「語が合体して」できたものです．両方に共通の etxe は「家」，2の後半部 berria と3の後半部 barria はどちらも「新しい」という意味で，この違いは方言差によるものです．3はバスク第一の都市 Bilbao と同じですね．1の Agirre と5の Zabala は「語の合体」によらない名字で，前者には「はっきり見えるもの（ところ）」，後者には「広い」という意味があります．

【バスク人の名前】

　バスク人には，スペイン語の名前を持つ人，フランス語の名前を持つ人，バスク語の（あるいはバスク的な）名前を持つ人がいます．スペインではフランコ時代にバスク語を公に使用することが禁止されていたので，その時代に生まれた人にはほとんどの場合スペイン語の名前を付けざるを得ませんでした．フランス領バスクでもバスク語の名を付けることが長い間できませんでした．それが解禁となってから生まれた子供たちは，ほとんどがバスク的な名前を持っていると言っても過言ではありません．

　日本人の名前と異なる点は，Miren, Josune など，いわば 1 単語の名前のほか，これらを組み合わせた "Miren Josune" のような複合的な名前があることです．この 2 番目の要素はいわゆるミドル・ネームではなく，あくまで二つセットで一つの名前です．呼ぶ時は縮めることが多いのですが．ただ，最近はこのような複合的な名前はあまり人気がないようです．

　最近はどんな名前が多いのか，スペイン領バスク自治州の 2018 年に生まれた子供たちの名前のベスト 10 を見てみましょう．データはEUSTAT（バスク自治州統計院）のものです．まず，女子では，

1. Ane	2. Laia	3. June	4. Irati	5. Izaro
アネ	らイア	ユネ	イラティ	イサロ
6. Nahia	7. Malen	8. Lucía	9. Nora	10. Uxue
ナイア	マレン		ノラ	ウシュエ

が上位ベスト 10 です．男子のものは次のとおりです．

1. Markel	2. Jon	3. Julen	4. Aimar	5. Ander
マルケる	ヨン	ユレン	アイマる	アンデる
6. Ibai	7. Oier	8. Unax	9. Mikel	10. Danel
イバイ	オイエる	ウナシュ	ミける	ダネる

　女子の Lucía はスペイン語の名前です．これ以外は語源はともかく

バスク語的な名前ばかりです.

　女子の Laia, Irati, Izaro, Nora, Uxue は地名に由来し，Laia 以外は聖母マリアゆかりの教会や礼拝堂がある土地の名です．このような命名はよく行われます．マリア様を祀ったお堂はいたる所にあるので，その地名の数だけ女子の名があるとも言えます.

　女子の June, 男子の Aimar, Oier は中世の文献に見られる古い名です.

　女子の Ane, 男子の Mikel はキリスト教文化圏に共通に見られる名前のバスク語版で，英語の Anne, Michael に当たります．Malen はマグダラのマリアの「マグダラ」に由来します.

　Jon, Danel, Ander は，聖書に出てくるヨハネ，ダニエル，十二使徒のアンデレに当たるバスク語の名として 20 世初頭頃に造語されたものです．Markel と Julen もラテン語の Marcellus, Jūlius に遡る名（スペイン語の Marcelo, Julián, フランス語の Marcel, Julien）のバスク語版として作られました．しかしこれらが造語される以前にも Joan, Daniel, Andres, Martzelo, Julian などの形があったのです．が，これらはスペイン語の Juan, Daniel, Andrés, Marcelo, Julián と同じ，あるいは酷似していて，外来語であることがあからさますぎると感じられたため，バスク・ナショナリズムが高まった時代に，よりバスク語的な響きを持つ形が造られたのです．これら新造語も今では多くの人に支持され，大成功を収めているわけです.

　Nahia, Ibai は一般的な語に由来し，nahi は「望み」，ibai は「川」を意味します．Unax の由来は不透明で，おそらく unai「牛飼い」と関係があるのではないかと言われています.

　いずれにせよ，筆者の印象では，命名の際には意味や語源はそれほど意識されておらず，響きが重視されているようです.

コラム

かんむりとしっぽ

・・

　語に「かんむり」を付けたり，「しっぽ」を付けたりして別の語を作る方法があります．

　まずはかんむりの例です．医者のことを medikua と言いますが，これに sasi- というかんむりが付いて sasimedikua となると，有り難くない「ニセ医者」です．sasi- は「ニセの，〜もどき」を表すわけですね．jainkoa に sasi- が付けば，sasijainkoa「ニセの神」で，これも怪しげです．marrubia「いちご」に basa- というかんむりが付いた basamarrubia は「野いちご」です．basa- は「野生の」の意というわけです．これが katua「猫」に付いて basakatua となれば「山猫」です．

　今度はしっぽを付けてみましょう．「本体」としっぽの切れ目ははっきりしているので，しっぽの役割を推測するのは容易です．berdin「同じ」に -tasuna を付けて berdintasuna とすると「同じであること」の意味になりますし，berdintsu と -tsu が付けば「だいたい同じ」ということになります．-tasuna は「〜であること」，-tsu は「だいたい〜」を表すというわけですね．etxe「家」にもさまざまなしっぽを付けてみましょう．etxe を建てることを etxegintza と言います．etxe を建ててくれる人は etxegilea．etxe に居るのが大好きな人は etxekoia です．しっぽ -gintza は「〜作り」，-gilea は「〜を作る人」，-koia は「〜を好む人」を表すことがわかります．

　-tegia とその変種 -degia は「〜のところ，〜場，〜所」を表すしっぽです．euskal「バスク（語）の」に -tegia を付けた euskaltegia は「バスク語を学ぶ学校」のことですし，burdin「鉄の」に -degia を付けた burdindegia は「製鉄所，金物店」を表します．

・・

コラム

四季の名称

....

バスク地方にも，いわゆる四季があります．次のように言います．

春：udaberria　　夏：uda　　秋：udazkena　　冬：negua
　　ウダベリア　　　　ウダ　　　　ウダスケナ　　　　ネグア

夏は uda ですが，よく見ると春を表す語も秋を表す語も uda で始まっていますね．春 udaberria は uda「夏」+ berria「新しい」=「新しい夏」，秋 udazkena は uda「夏」+ azkena「終わり」=「夏の終わり」という構成です．すなわち，一年はまず uda と negua に二分され，さらに uda は三つに分けて捉えられているようなのです．

四季にまつわる諺もたくさんあります．例えば，

Udaberriko legortea, urte guztiko gosetea.
ウダベリコ　れゴルテア　ウルテ　グスティコ　ゴセテア
春の干ばつ（は），一年の干ばつ（をもたらす）．

Negu elurtsu, urte garitsu.
ネグ　エるルちゅ　ウルテ　ガリちゅ
豪雪の冬（は），麦でいっぱいの年（をもたらす）．

これらは農業と密接に結びついたものですね．次は，

Eguberrirainoko larrazkena, Pazko arteko neguaren ama.
エグベりラ イニョコ　らスケナ　パスコ　アルテコ　ネグアレン　アマ
クリスマスまでの秋（は），復活祭まで続く冬の母．

Pazko とは復活祭のことで，3 月末から 4 月にかけての頃に祝います．秋が長引けば結局冬もそれだけ長引く，と言う意味ですね．larrazkena も「秋」のことで，ある地方で使われる方言形です．

［諺の出典：Antonio Zavala *"Esaera zaarren bilduma berria 1"*, *"同 2"*（Auspoa, 1985）］

....

コラム
曜日の名称

　バスク語の曜日の名称を紹介しましょう．英語と違い頭文字を大文字で書くことはしません．

月曜日：astelehena　　火曜日：asteartea　　水曜日：asteazkena
　　　　アステれエナ　　　　　　アステアルテア　　　　　　アステアスケナ
木曜日：osteguna　　　金曜日：ostirala　　　土曜日：larunbata
　　　　オステグナ　　　　　　　オスティララ　　　　　　　ラルンバタ
日曜日：igandea
　　　　イガンデア

　さて，これをご覧になって，まず，月・火・水がどれも aste で始まっていることに気付かれたことと思います．aste とは「週」の意です．それぞれの後半部分はというと，月曜日の lehena は「最初の」という意味ですので，astelehena は文字通りですと「週の最初の日」という意味です．火曜日の artea は「間（あいだ）」という意味で，asteartea は「週の間の日」ということです．そして，水曜日の azkena，これは「終わり」という意味で，asteazkena とは「週の終わりの日」という意味なのです．三日で週が終わってしまう？　面白い数え方ですね．

　次に，木曜日と金曜日には ost- という共通部分がありますね．この部分は一説では「空，嵐，雷」を表すと言われています．木曜日の後半部，eguna は「日」という意味で，すると osteguna は「空，嵐，雷の日」となり，ヨーロッパの多くの言語における「木曜日」を表す語とよく似た作りであると言えます．金曜日の後半部 -irala の語源は残念ながら明らかではありません．土曜日 larunbata の語源も諸説あり，はっきりしません．日曜日 igandea は igan「昇る」という動詞に由来するのでは，との説があります．日曜日はキリストの昇天の日だから，というのがその根拠とされているようです．

バスク語であいさつしてみましょう

....

　バスクへ行ったときのために，バスク語のあいさつの表現を少しだけ学びましょう．まずもっともよく使われるのは，Kaixo! でしょう．これは英語の hello に当たり，時間帯に関係なく使えます．午前中のあいさつは Egun on. 午後なら Arratsalde on. です．さっきの kaixo にこれらを組み合わせて言うこともできます．

　Kaixo! Egun on.
　Kaixo! Arratsalde on.

　egun は「日」，arratsalde は「午後」，両者に共通の on は「良い」という意味なので，語の構成としては英語など他の言語にもよく見られるタイプですね．ただし，「午前」とはだいたい昼食前まで，すなわち，午後 1 時とか 2 時くらいまでを指します．「午後」とは夕食までの時間帯で，夕食は早くても 20 時頃なので，日本人の感覚とはちょっと違うので注意が必要です．つまり，正午ごろに日本語的な感覚で Arratsalde on. と言うと，すでに昼食を済ましているように聞こえることがあるようです．ここはどうしても Egun on. なのですね．

　夕食前後から夜のあいさつは Gabon. と言います．これは「こんばんは」としても「おやすみなさい」としても使われます．gau「夜」+ on「良い」が発音の変化を起こしてできた語と言われます．

　別れるときの表現もいろいろありますが，使用頻度がとても高いのは「またね」「じゃ後ほど」に当たる Gero arte. です．前にも出てきた Agur. も「さようなら」に当たるお別れの表現ですが，これは実は非常に正式な場面では「出会いのあいさつ」としても使われます．

....

3 文のしくみ

【1語の文】

「文」とは何か，と言うと，実はなかなか明確でない部分があるものです．そこで，本書では，書くときに大文字で始まり，ピリオドや「？」や「！」で終わる語の連なりを「文」とみなすことにします．前に出てきた Hau kafea da. はもちろん，あいさつの表現の Egun on. や，Gero arte. も文とみなせますし，Kaixo! などはたった1語でも文とみなします．

1語の文は，実は頻繁に使われます．こんな場面を想像してみましょう．公園を散歩中，あなたは煙草が吸いたくなりました．でもライターがありません．ふと見ると，向こうのベンチで女性が読書をしています．彼女に火を貸してもらおうと，あなたは話しかけます．

Sua? 火？
すア

sua は「火」で，「？」が付いているので尻上がりに発音します．するとこれ1語でこの場面では「火を貸してもらえますか」と理解されます．すると女性はこう言いつつライターを差し出すでしょう．

Tori. どうぞ．
トリ

Tori. は，相手にものを手渡すときに言う表現です．

さて sua「火」のやりとりをきっかけにおしゃべりが始まりました．そこで女性は立ったままでいるあなたに言うでしょう．

Eseri. 座って．
エセリ

eseri は「座る」という意味の動詞です．辞書の見出し語としても eseri と載っています．つまり，動詞は辞書に載っている形のまま，命令文として使えるわけです．命令文と言っても，優しい口調で言えば「勧

める」表現になりますし（この場面はまさにこれですね），Eseri! と強い口調で言えばまさに「命令」を表すわけです．さて話がはずんできて「コーヒーでもどう？」ということになると，どちらからともなく，

Goazen!　行こう！
ゴアセン

と言うことでしょう．カフェテリアへ入ったところで，注文するために，

Aizu!　すみませーん！
アイス

とお店の人を呼びます．Aizu! の語末の zu は伸ばし気味にハッキリ「ス」と発音します．このように，1 語でもさまざまなことが表現できるのですね．

さて，コーヒーを注文しましょう．ここでは 2 語で言ってみましょう．

Kafea, mesedez.　コーヒーをお願いします．
メセデス

この mesedez という語，これは「どうか／お願いします」を表し，これを付けると，"Kafea." とだけ言うより丁寧になります．

さあ，コーヒーが運ばれて来ました．給仕の人に一言．

Eskerrik asko.　ありがとう．
エスケリク　アスコ

これも，eskerrik「感謝」，asko「たくさん」の 2 語から成るものですが，2 語で「（どうも）ありがとう（ございます）」です．asko を省略することはできないので注意しましょう．

では私たちも，さらに，

Goazen aurrera!　前進しましょう！（aurrera は「前へ」）
アウレラ

【あれこれ質問してみましょう】

　山の農家に住む友人のシャビエル君が家に招待してくれました．彼の農家では羊の乳で gazta「チーズ」を作っています．作業場に入ると，見たこともない変な形の器があります．何なのか尋ねてみます．

　Zer da hau?　これは何ですか？
　　セル　ダ　アウ

　da と hau はすでに出てきましたね．すると zer は？　「何」に当たりますね．シャビエル君が教えてくれました．

　Hau kaikua da.　これはカイクアだよ．
　　　　カイクア

　kaikua とは，羊の乳のチーズを作る際に使う木製の器で，乳を攪拌するのに用います．この文頭の hau「これ」は，答えるときは「これ」が指すものに言及していることが明白なので，省略することができます．文脈から理解可能な要素は基本的に省略してよいのです．

　そして，「これは〜だ」の語順は日本語と同じですが，「これは何ですか」の語順は日本語式ではないことに注意です．「何」「どれ」「だれ」など，疑問のことばは，「〜だ」のすぐ前に置くのが決まりです．

　次にシャビエル君は「今から草刈りをするから sega を取りに行こう」と言って道具類をしまってある小屋へ向かいます．たくさんの道具が所狭しと並んでいます．でも sega って，何のことでしょう？　このたくさんの道具のうち，どれが sega なるものなのか，尋ねてみましょう．

　Zein da sega?　どれが sega ですか？
　　セイン

　「どれ」に当たる語は？　そう，zein ですね．するとシャビエル君が，ある道具を指さしながら，こう言いました．

Sega hori da.　sega はそれだよ.
オリ

　この返答の文でも最初の sega は省略可能です. シャビエル君の指さ
す方を見ると......ああ,「鎌」のことなんですね!　でも, 私たちが知っ
ている普通の鎌に比べてずいぶん大きい!　さて, この sega を持って
牧草地へ. すると, すでに一人の男の人がsegaを振るって草をばっさばっ
さと刈っています. 誰なのでしょう?　シャビエル君に尋ねてみます.

Nor da hura?　あの人, だれ?
ノル　　ウラ

　hura は「あの人/あれ」を, nor は「だれ」を表します. シャビエル君が,

Hura Txomin da.　あの人/あれはチョミンだよ.
チョミン

と教えてくれます. ここでも文頭の hura は省略可能です. チョミン
(Txomin) という名の人なのですね. 隣の農家の長男だそうで, いかつ
い大男です. チョミンさんは見るからに怖そうなので, シャビエル君に,

Nolakoa da Txomin?　チョミンってどんな人?
ノラコア

と尋ねてみました. 文頭の nolakoa が何を表すか, もうおわかりです
ね?　そう,「どんな人/どんなもの」を表します. シャビエル君の答
えは,

Txomin oso lotsatia da.　チョミンはとてもシャイだよ.
オソ　ロチャティア

　lotsatia は「恥ずかしがり屋の」という「性質」を表す語, その前に
oso「とても」を付けて強調しています. 文頭の Txomin はもちろん省
略可です. チョミンさんは「気は優しくて力持ち」なんですね.

【「はい」と「いいえ」】

　ここ数年，バスク地方はグルメの地として日本でも知名度が上がって
きました．確かに，バスクでは海の幸も山の幸もたいへん美味です．人々
は自ら料理に腕をふるうほか，外食も大いに楽しみます．飲食店には，
日本と同じようにさまざまな形態があります．コーヒーなどのソフトド
リンクや甘いもの中心の kafetegia，居酒屋と喫茶店が合わさったよう
な楽しい taberna，レストランに相当する jatetxea などがあります．た
いていの jatetxea は入り口近くにバーカウンターを備えていて，一見
して taberna なのか jatetxea なのかわかりにくいことがあります．そん
なとき，次のように尋ねてみましょう．

　Hau jatetxea da?　これはレストランですか？

　hau も da ももうおなじみですので，皆さんは「これ，Hau tomatea
da.（これはトマトだ）と同じ作りの文じゃないか」と気付かれたこと
でしょう．そうなのです，作りは全く同じなのです．ただ，発音すると
きに文末を昇り調子にするだけで，疑問文になるのです．あるいは，

　Hau jatetxea al da?

と，al という小さな「疑問文のしるし」を da の前に付けることもあり
ます．この場合は文の言い方は昇り調子でなく下がり調子となります．
この al は必須ではありません．なくてもまったくかまわないものです．

　さて，質問された人は，こう答えてくれるかもしれません，

　Bai, hau jatetxea da.　はい，これはレストランですよ．

　Bai は，「はい」に相当する，肯定を表す語です（日本語の「はい」

とバスク語の bai, 何か似ている気がしませんか?). また, もし違うなら, こう答えるでしょう.

Ez, hau ez da jatetxea. いえ, これはレストランではありません.

最初の Ez は「いいえ」に相当する,「否定」を表す語です（英語ですと No に相当しますね). hau の次の ez は「〜ではない」を表す否定語です（英語の not に当たるわけです).

さて, ここで注意すべきは語順です. さきほどの肯定の返事の文, Bai, hau jatetxea da. と比べてみてください. hau の位置は同じですが, ez が入ったために, da と jatetxea の位置がだいぶ違っているのがおわかりになると思います. そして, この ez は必ず da の直前の位置に置かれることになっています. こんなふうに文章で説明すると「否定文って面倒」と感じるかもしれませんが, なんのことはありません, この文一つをモデルとして覚えておけば応用が効きますから, 心配は要りません.

さて, バスク語の世界にだいぶ深く入ってきましたが, 私から皆様に質問させてください.

Euskara zaila da? バスク語は難しいですか?

euskara が「バスク語」です. zaila は「難しい」の意です. もちろん, 皆さんはきっとこう答えてくださいますよね.

Ez, euskara ez da zaila! いいえ, バスク語は難しくありません!

42

【語が並ぶ順番】

　ここで，文に関わる重要な側面，語順について見ておきましょう.

　前に見た Hau tomatea da.「これはトマトだ」の文を見てもおわかり
のように，バスク語の語順は日本語の語順とよく似ていると言えます.
すなわち，日本語的な語順で単語を並べていけば，たいていバスク語的
な文になるとも言えます.

　しかし，どんなときも日本語的な語順で OK，というわけではありま
せんね. たとえば，前のページで見た，否定語が参加するときの文を思
い出すと，Hau tomatea da. に対し，「これはトマトではない」はどう
なりますか.

　Hau ez da tomatea.
　　　エス

　この場合は，否定語 ez が必ず da の前に置かれ，da と tomatea の位
置が変わる，という「規則」があるのでしたね. もうひとつ，zer「何」，
nor「誰」，zein「どれ」などの疑問を表す語を含む質問の文，たとえば
　ノル　　　セイン
「これは何ですか」を思い出してみましょう.

　Zer da hau?

　この場合も，zer「何」のような疑問を表す語は da のすぐ前に置く，
という決まりがあります. でも決まっているのはこの部分だけで，hau
「これは」の位置は実は自由ですから，と言ってもこの場合は hau の行
き先は da の後ろでないとすると zer の前しかないのですが，そこへ置
いて，Hau zer da? としてもよいわけです.

　さて，Hau tomatea da.「これはトマトだ」に戻りますが，否定のこ
とばも質問のことばもないこのような文では，語はさらに自由に動け

るのです．この文は三つの語から成りますから，可能な語順は理論上6
通りですね．でも6通りすべて OK というわけでなく，可能なのは，

(1) Hau tomatea da.

(2) Tomatea da hau.

(3) Tomatea hau da.

(4) Hau da tomatea.

の，計4通りです．*Da hau tomatea. と *Da tomatea hau. の，da か
ら始まる文は不可です（* は正しくない文や語に付けるしるしです）．

(1) ～ (4) では，語の並びが変わることによって何か違いが生じるの
でしょうか．そうです，意味，というか，ニュアンスがちょっとずつ
違ってくるのです．語順には，実は，もっとも言いたい語（もっとも必
要とみなされる情報）が da のすぐ前に置かれ，まず明確にしておきた
いことが文頭に置かれる，という二つの規則が働いています．(2) と (4)
では，もっとも言いたい語とまず明確にしたいことが一致していると言
えます．(2) は「トマトだよ，これは」，(4) は「これがトマトだ」．(1)
は，「これ」について述べるということをまず最初に明確にするために
文頭に hau を置き，もっとも伝えたい情報である tomatea を da の前に
置いているわけです．同様に，(3) では「トマト」について述べるとい
うことをまず明確にするために tomatea を文頭に置き，もっとも伝え
たい情報である hau が da の前に置かれています．「トマトは（というと，
ほかのどれでもない，）これだ」というようなニュアンスです．

ともあれ，否定文のような特別な場合をのぞいて，日本語式の語順で
語を並べていけば大きな間違いはまずないと考えて大丈夫です．

【文を長くしてみよう】

これまで見てきた文は短いものが多かったのですが，単語さえ知っていれば，短い文でも意外と多くのことが表現できることがわかりましたよね．今日は taberna で働いているエネコ（Eneko）君を訪ねていろいろ教わりましょう．早速，エネコ君の taberna へ入りましょう．

37 ページで "Kafea, mesedez." 「コーヒーお願いします」と注文する表現を見ましたよね．二つのアイテム，たとえば sagardoa「りんご酒」と garagardoa「ビール」を一度に頼むには，次のように言えば OK です．

Sagardoa eta garagardoa, mesedez.　りんご酒とビールをお願いします．

sagardoa と garagardoa の間の eta という語，これが「〜と〜」に相当する，語と語を繋ぐ役割の語であることがわかると思います．この eta は，語と語のみならず，文と文をも繋ぐことができます．

Hau garagardoa da, eta hori sagardoa da.
これはビールです，そしてそれはりんご酒です．

hau と hori と da はもうおなじみですね．ここでは，eta「〜と〜」が，Hau garagardoa da.「これはビールだ」，Hori sagardoa da.「それはりんご酒だ」という二つの文を繋いでいます．2 番目の文に出てくる da は省略可能です．sagardoa は sagarra「りんご」から作られる微発泡性のお酒で，1 月から 3 月頃に作られます．グラスに注ぐと一見白ワインかシャンパンのように見えます．

こちらにある 2 本の瓶も sagardoa でしょうか．エネコ君に尋ねると，このように教えてくれました．

Hau sagardoa da, baina hori ez da sagardoa.
これはりんご酒だけど，そっちはりんご酒ではないよ．

　baina は「しかし」に相当する繋ぎの語です．便利な繋ぎの語はほか
にもいろいろあります．こちらにも似たような瓶が1本あるので，尋
ねてみます．ardoa は「ワイン」です．

　Hau sagardoa ala ardoa da?　これはりんご酒，それともワインですか？

　ala は「それとも」を表す繋ぎの語です．エネコ君の答えは，意外な
ものでした．sagardoa でも ardoa でもないんです．

　Hori txakolina da.　それはチャコリニャだよ．

　txakolina はバスクの沿岸部の名産品で，白ワインの一種ですが，こ
れも普通の白ワインとは見た目で区別をつけるのは困難です．
　さて，バスク語の世界に踏み込んで，ここまで辿り着きましたが，こ
こで再び皆さんに質問させてください．

　Euskara interesgarria da, ezta?　バスク語は面白いでしょう？

　interesgarria は「面白い」です．したがって，Euskara interesgarria
da. の部分の意味は「バスク語は面白い」ですね．文末の ezta? です
が，これは文末に置かれ，「〜でしょう？／〜ですよね？」を表します．
ezta? の代わりに ez? とすることもできます．私が期待する答えは，も
ちろん，次のようなものです．

　Bai, euskara oso interesgarria da!　ええ，バスク語はとっても面白いです！

コラム

基本的な文法用語について

....

　「文法」というのはどうも不人気なのですが，そもそも「文法」とは何なのでしょう？　文法とは，おおざっぱに言うと，その言語が備えている「規則」であると言えます．これをある程度押さえておけば，やみくもに規則に合わないことをしてしまうという無駄が減りますから，言語を効率よく学ぶには，文法は便利な「装置」であると言えます．第二部では文法のお話がいろいろ出てきますが，文法の説明のためには「文法用語」をいくつか使います．文法用語自体は覚えたところで直接バスク語の知識になるわけではないのですが，文法という「装置」をより効率的に使うための「道具」と考えてください．とは言え，本書の目的は今後本格的にバスク語を学んでみたいという方への最初の道しるべとなることですから，文法用語も最低限のものに留めておきましょう．

　まず，語の分類という観点からの重要な用語を挙げてみます．

　名詞：人，もの，事柄を表す語です．「本」,「家」,「ワイン」などです．「希望」,「仕事」など，抽象的なものを指す語もあります．

　形容詞：名詞が表す人やものやことがらの様子や性質を表す語．「美しい」,「優しい」,「難しい」,「白い」,「恥ずかしがり屋の」などが形容詞の仲間です．

　代名詞：「これ」,「それ」,「あれ」,「この人」,「その人」,「あの人」,「私」,「あなた」,「君」,「私たち」,「あなたたち」,「君たち」などをまとめて代名詞と呼ぶこととします．

　動詞：人の動作や行為，ものの動きなどを表す語です．「走る」,「読む」,「座る」,「食べる」,「作る」など．「好む」,「欲する」,「思える」など，静止的な内容を表すものもあります．

....

....

　助動詞：動詞を補助する役割の語で，本書では「助っ人」という愛称で呼びます．動詞だけでは表しきれない部分を表すのがその役目で，バスク語の動詞はこの助動詞との組み合わせで使われることがほとんどです．

　以上のものは，よく「姿形」を変えて出てきます．ほかに，形容詞や動詞を説明する副詞があります．程度を表したり（「とてもきれい」の「とても」など），様子を表したり（「ゆっくり」「激しく」など），時を表したり（「いつも」,「たまに」,「さっき」など），場所を表したり（「ここに」,「むこうで」など），実にさまざまです．

　次に，文の中での役割を表す二つの用語を押さえましょう．

　主語：文のなかの動詞が表すことがらを行なう人やもの，あるいは動詞が表すことがらの主体となる人やもの．たとえば「私はバスクへ行く」の「私は」,「これはトマトだ」の「これは」が主語に当たると考えます．

　目的語：「〜を」に当たるものと，「〜に」に当たるものの二つがあります．たとえば，「私は彼に本をあげた」の「彼に」と「本を」を目的語とみなします．

　人称と数もよく使われる用語です．バスク語には，英語のように，「私（＝話し手）」を表す1人称，「あなた（＝聞き手）」を表す2人称，「私とあなた以外の人・もの全て」を表す3人称の三つの人称があります．数には，一つ・一人であることを表す単数と，二つ以上・二人以上であることを表す複数があります．

....

コラム

バスク語の３大特徴

....

　皆さんは「言語の親縁関係」あるいは「言語の系統」という言葉を聞いたことがありますか？　たとえば，Ａ言語とＢ言語が，今はそれぞれ異なる言語だけれど，何千年も何万年も遡ると実は同じ言語に行き着く，ということが証明された場合，この二つの言語は「親縁関係にある」，あるいは「同じ系統である」と言います．

　たとえばフランス語とスペイン語は，ラテン語がそれぞれの地で個別に変化してできたものであることがわかっていますので，「親縁関係にある」と言えるのです．バスク語は西ヨーロッパの片隅で話され，北にはフランス語，南にはスペイン語，二つの大言語に挟まれているにもかかわらず，これらの言語とは系統的には関係がなく，たいへん異なるしくみを持っています．と言うよりも，そもそも世界のどの言語と同じ系統なのかがわかっていないのですから，どの言語と比べてもなんだか違う面をいろいろ備えていると言えます．そうかと思うと，語順のところで見たように，日本語と似ているなと思える面もあります．

　ここでは次の章から見ていく三つのテーマに沿ってバスク語の特徴を概観しておきましょう．

1. 区別のしくみ

　「家」を例にとると，さまざまな面から「家」を区別するしくみがあります．大きさや美しさなど形状で区別することもあれば，数によって区別することもあります．また，話し手の近くにあるのか，聞き手の近くにあるのか，両者から離れたところにあるのかによることもあります．さらに，だれのものか，どこのものかによって区別することも可能です．

....

....

2. 人と時間のしくみ

　バスク語の動詞は，その出来事が「もう起きてしまった」ことなのか，「ふだん習慣的に起こる」ことなのか，「これから起こる」ことなのかにより，ちょっとずつ形を変えます．また，動詞は基本的に，本書で「助っ人」と呼ぶものと組み合わせて使われるのですが，その「助っ人」の方は，たとえば「送る」という動詞に対する助っ人だとすると，「だれが送るのか」，「だれに対して送るのか」，「何を送るのか，それは一つのものなのか，二つ以上のものなのか」により，姿を変えます．また，「送る」ということが過去に起こったことなのか今のことなのか，仮定の話なのか現実のことなのか，などによっても姿を変えます．

3.「てにをは」のしくみ

　バスク語では，たとえば「私は友だちと海で泳いだ」の「は」「と」「で」は，語に「しっぽ」を付けることで表します．この点も日本語的ですね．日本語と違う点は，たとえば「友だちと」と言う場合，「友だち」が一人なのか，二人以上なのかによってもしっぽの形が異なる，という点です．また，その語が生き物を表すか無生物を表すかによってもしっぽの形が変わることがあります．たとえば同じ「〜から」でも「家から」と「子供から」では，「から」の形がちょっとずつ違うというわけです．

　以上のような特徴があると聞いて，どう感じましたか？　未知の世界へのわくわくする気持ちが湧いてきたのではないでしょうか？

....

　農家の玄関にかけられているその家の名をし
るした表札です．ANTXUMARIAGA［アン
チュマ<u>リ</u>アガ］が家の名前で，Rの上の点のよ
うなものは，これがRRであることを示してい
ます．下にongi etori［オンギ　エト<u>リ</u>］（こ
のrも上に点のようなものがあります）「よう
こそ」とあります．

1 区別のしくみ

【この本】

　私たちは日々の生活の中で，さまざまなことがらを区別して暮らしています．そしてその区別をことばの上でも表現しています．この章ではバスク語でのいろいろな「区別のしかた」を見ていきましょう．

　まず，「話者や聞き手の近くにあるか遠くにあるかで区別する」やり方を見ましょう．おおまかに言うと，話者の近くのものには「この」を，聞き手の近くにあるものには「その」を，話者からも聞き手からも離れているものには「あの」を名詞に付けて区別します．いわゆる「こ・そ・あ」ですね．liburu「本」に「この／その／あの」を付けて，「この本／その本／あの本」と表現してみましょう．

　　liburu hau　この本　　　liburu hori　その本　　　liburu hura　あの本
　　　　　アウ　　　　　　　　　　　　オリ　　　　　　　　　　　　ウラ

　liburu「本」に付いている hau が「この」，hori が「その」，hura が「あの」に当たります．そして，これらの語が置かれる位置ですが，ご覧のとおり，名詞の後ろであることがポイントです．これまで見てきた例では，バスク語の語順は日本語の語順と同じであることが多かったのですが，「この／その／あの」の位置に関しては日本語と逆になるというわけです．

　ところで，皆さん，「hau，hori，hura って見たことあるぞ」と思われたのではないでしょうか．そうですね，

　　Hau tomatea da.　これはトマトだ．

　　Hori olioa da.　それは油だ．

　　Hura Txomin da.　あの人（あれ）はチョミンだ．

にそれぞれ「これ」「それ」「あれ（あの人）」という意味で出てきました（い

ずれも人にもものにも使えます）．これらは同時に「この」「その」「あの」
という意味をも持っているというわけです．すなわち，日本語では「こ
れ／この人／この」を区別しますが，バスク語では hau がこの三つの
役割をすべて担っているのです．同様に hori は「それ／その人／その」，
hura は「あれ／あの人／あの」を表すというわけです．hura はさらに，
「彼／彼女」と言いたいときにも使うことができます．

　ここで，前に見た Euskara zaila da?「バスク語は難しいですか」と
いう文を思い出してみてください．この euskara「バスク語」のところ
に，上の liburu hau「この本」を入れてみましょう．

　Liburu hau zaila da?

　意味はよろしいですね？　そう，「この本は難しいですか」ですね．
さらに zaila のところを interesgarria「興味深い，面白い」に置き換えて，
疑問文を作ってみたいと思います．

　Liburu hau interesgarria da?

　「この本（本書のことです！）は面白いですか？」ですね．皆さんの
お答えはいかがですか？　もちろん著者としては，次のようなお答えを
期待する次第です！

　Bai, liburu hau oso interesgarria da!　はい，この本はとても面白いです！

【私の本】

　外国語の授業を除くすべての教育活動をバスク語で行なう学校を，ikastola と言います．最近は，親がバスク語の使い手でなくても子供を ikastola へ入れるケースもまれでなくなりました．さて，ikastola を覗いてみると，子供たちが勉強道具に囲まれています．教科書はみんな同じですから，友だちのものと間違わないよう，「あたしの本よ」「ぼくの本だよ」と，「だれのものか」を区別しなくてはいけません．バスク語には「あたし／ぼく／おれ」というような区別はありませんので，まとめて「私の」としておきます．また，「私の」とくれば「君の」(「あなたの」と訳してもかまいません) も気になります．liburu「本」を例として「私の本」，「君の本」と言ってみます．

　nire liburua　私の本　　　zure liburua　君の本
　　ニレ　リブルア　　　　　　　スレ

　nire, zure というのがそれぞれ何を表すか，もうおわかりでしょう．nire が「私の」，zure が「君の」というわけです．さらに語順に注目してみましょう．「この本」「その本」「あの本」などと言う時は，liburu hau, liburu hori, liburu hura という語順でしたね．ところが，nire「私の」，zure「君の」は，ご覧のように名詞の前に置かれます．この点，日本語と同じですね．

　ところで，皆さんは「あれっ，liburua だって？　前のページでは liburu となっていたじゃないか！」と首をかしげておられることと思います．実は，この語末の -a は単数であることの印で，この -a を除いた部分が語の「本体」なのです．辞書の見出し語としてはこの本体が載っています．本書では語の本体を「辞書形」と呼びます．バスク語では，一つのものを指して単に「これは本だ」「これは難しい」などと言う場

合は,「本」「難しい」に当たる語に単数の印 -a を付けて,Hau liburua da. ／ Hau zaila da. と言います.すなわち zaila もまた -a が付いたものであり,その辞書形は zail というわけです.また,「本」,「難しい」などと名詞や形容詞を提示するときも,-a の付いた単数形で提示するのが自然なのです.そのため本書でも名詞や形容詞を単独で提示するときには基本的に -a の付いた形で挙げてきました.例えば,33 ページの四季の名称や 34 ページの曜日の名称など,-a が付いた形を挙げています(uda「夏」のようにもともと a で終わる語もあります).しかし,今後は混乱を避けるため,辞書形で提示することとします.

さて,nire liburua「私の本」,zure liburua「君の本」の場合,名詞は単数形になっています.でも,前に見たように,「この本」「その本」「あの本」は liburu hau,liburu hori,liburu hura であり,名詞は辞書形になっています.ここに働いている規則を推察してみましょう.基本的に,nire liburua,zure liburua のように,名詞の前になにかしら区別を表す語が付き,名詞がいちばん後ろにあるときは,一つ(単数)のものならば原則として名詞に -a を付け,liburu hau,liburu hori,liburu hura のように名詞の後ろに区別を表す語が付くときは,名詞は辞書形になるというわけです.

さて,前に Hau tomatea da.「これはトマトだ」という文を見ましたが,tomatea を「私の本」に置き換えて「これは私の本だ」としてみましょう.どうなりますか.

Hau nire liburua da.

また一つ,表現が豊かになりましたね.

【ミケルの本・あの人の本】

nire「私の」, zure「君の」…とくれば, 今度は具体的な個人名を使って「Leire の本」,「Mikel の本」,「Xabier の本」などとも言ってみたくなりますね (ちなみに Leire だけ女子の名です). こう言います.

Leireren liburua	レイレの本
Mikelen liburua	ミケルの本
Xabierren liburua	シャビエルの本

名前の後ろに「しっぽ」が付いています. しかしよく見ると, これらのしっぽは全部同じというわけではありませんね. Leire に対しては -ren, Mikel には -en, Xabier には -ren というしっぽが付いています. ここには「Leire のように母音で終わる名前なら -ren, Mikel のように子音で終わる名前なら -en, Xabier のように r で終わる名前には r をもうひとつ重ねてから -en が付く」という規則が働いているのです. r で終わる語で r を重ねるのは次のような理由からです. 語末の r の発音は「巻き舌の r」ですが, ここに -en だけを付けるとつづり上, r は母音と母音に挟まれ, 巻き舌でないラ行音とみなされてしまいます. そこで, 巻き舌の r であることを示すために, 母音間では r を二つにする必要があるわけです.

さて, liburua「本」ばかりでは退屈ですから, ama「母」, aita「父」という語を使ってみましょう. ama も aita も, もともと a で終わっている語で, こういう語の単数形は, 単数の印である -a をさらに付けることはせず, ama, aita のままです.「レイレのお母さん」,「ミケルのお父さん」ならどうなりますか?

Leireren ama   Mikelen aita

　さらにこれらの語句と，前に出てきた Hau tomatea da.「これはトマ
トだ」の文を応用して，ちょっとした問答をしてみましょう.

Hau Leireren ama da?　　　Ez, hau Mikelen ama da.

　意味はもうおわかりですね.「この人はレイレのお母さんですか」「い
いえ，この人はミケルのお母さんです」という問答ですね.
　「個人名＋"の"」の言い方がわかったので，ついでに，「この人の」「そ
の人の」「あの人の」も見ておきましょう.

　　honen liburua　この人の本
　　honren liburua　その人の本
　　haren liburua　あの人の本

　honen が「この人の」，horren が「その人の」，haren が「あの人
の」を表すことがわかります. さらに，次はどんな意味だと思います
か？　ikasle は「学生」です.

　ikasle honen liburua　　ikasle horren liburua　　ikasle haren liburua

　これらに現れている honen, horren, haren は，名詞の後に置かれて，
「この〜の」「その〜の」「あの〜の」を表すのです. いちばん前の例で
言うと，ikasle honen で「この学生の」，さらにその後ろに liburua が
ありますが, ikasle honen liburua で「この学生の本」を表します. 以下,
同様に ikasle horren liburua は「その学生の本」，ikasle haren liburua
は「あの学生の本」というわけです.

【だれそれの何々】

　ほかの名詞にも「〜の」を付けてみましょう.「お母さんの本」,「学生の本」,「神父の本」,「農夫の本」のような表現です. 前のページで見た Xabierren liburua「シャビエルの本」と同じ語順となり,「〜の」は名詞にくっつくしっぽとして現れます. しっぽの付き方に着目しつつ,まずは用例を見てみましょう.

amaren liburua	お母さんの本
ikaslearen liburua	学生の本
apaizaren liburua	神父の本
baserritarraren liburua	農夫の本

　liburua「本」は単数形（-a の付いた形）になっています. 名詞の前に何か区別を表す語が付くと, 名詞には単数なら -a が必要なのでしたね. さて,「〜の」に相当するしっぽですが, ikasle のように a 以外の母音で終わる語と, apaiz のように子音で終わる語には -aren, ama のようにもともと a で終わる語には -ren というしっぽが付いています. また,「農夫」を表すのは baserritar なので, r の音を変化させないため, r を重ねてから -en を付けるのです.

　さらに,「もの」にも「〜の」を付けてみましょう. この本の題名は『バスク語のしくみ』ですが,「バスク語」は euskara でしたね.「しくみ」は egitura と言います. euskara「バスク語」は a で終わる語なので,「の」は -ren を選びます. egitura はもともと a で終わる語なのでさらに -a を付けることはしません. したがって『バスク語のしくみ』は次のようになります（本の題名なので頭文字を大文字で記します）.

"Euskararen egitura" 『バスク語のしくみ』
エウスカラレン

次に「この本の題名」と言ってみましょう．「本」は liburu でしたね．
「題名」は izenburu と言います．「この〜の」は 57 ページで見ました．
イセンブル
ちょっと戻って確認してみてください．ikasle honen liburua が「この
学生の本」でしたね．すると「この本の題名」は？
イカすれ　オネン

liburu honen izenburua
リブル　　　　イセンブルア

最後に置かれる名詞 izenburu には単数の印 -a が付いています．これ
と，さきほどの『バスク語のしくみ』を組み合わせて，「この本の題名は『バ
スク語のしくみ』です」と言ってみましょう．どうなると思いますか？
そう，そのとおりです．

Liburu honen izenburua "Euskararen egitura" da.

さらに，前に見た nire「私の」，zure「君の」，Xabierren「シャビエ
ニレ　　　　スレ
ルの」も組み合わせて，「シャビエルのお母さんの本」とか，「君の本の
題名」と言ってみたいですよね？　このような場合も日本語と同じよう
な順で語を並べればできあがりです．どうなりますか？

Xabierren amaren liburua　　シャビエルのお母さんの本
zure liburuaren izenburua　　君の本の題名
リブルアレン

liburuaren は「本の」ですが，liburu「本」が a 以外の母音で終わる
語ですので，最初に出てきた ikaslearen「学生の」と同じように，「の」
を表す部分は -aren であるというわけです．
なんだか，すごく表現力がついたような気がしませんか？

【どこそこの何々】

　ここでもう一つ,「〜の」を勉強しましょう. 前のページまでに見た nire liburua「私の本」, Xabierren liburua「シャビエルの本」, amaren liburua「母の本」, liburu honen izenburua「この本の題名」などは, 言うなれば「A が持っている B」ということを表します.

　今回のは,おもに場所を表す「〜の」です. すなわち,「町の広場」,「家の電話」,「椅子の (上の) 猫」のような場合です. これらはいわば「A にある／いる B」ということを表していますね. バスク語ではこの二つの「〜の」を区別しているのです.

　さて, 今日はシャビエル君とバスで 2 時間ほどの町へ一緒に行くことになっています.「町の図書館」で待ち合わせです.「町」は herri,「図書館」は liburutegi です.「町の図書館」と言うときは, どうなるでしょうか.

　herriko liburutegia

　しっぽがどれかは明らかですね. herri「町」に付いている -ko というしっぽ, これが「〜の」を表します. そして liburutegi「図書館」は, herriko という「区別する語」がその前に付きますから, liburutegia という -a の付いた形です.

　予定どおりシャビエル君と herriko liburutegia で落ち合い, バス乗り場へ行きます. バスはすいていて, 座席に座ることができました.「バスの窓」からバスクらしい山なみの風景が楽しめます.「バス」は autobus,「窓」は leiho です.「バスの窓」はどうなると思いますか?

　autobuseko leihoa

　herriko「町の」のときとはすこーしだけ違い, -ko でなく -eko とい

うしっぽが付いていますね. この違いはいったい…, すでに皆さんは予測なさったことでしょう, herri「町」のように母音で終わっている語には -ko が付き, autobus のように子音で終わっている語には -eko というしっぽが付くというわけです.

　景色を眺めているうちに眠くなってきました. うとうとしているうちに目的地に着いたようです. あれっ, 変な姿勢で寝ていたせいか, 背中がちょっと痛みます.「背中」は bizkar,「痛み」は min と言います.「背中の痛み」は, こうなります.

bizkarreko mina
ビスカレコ　　ミニャ

bizkar は r で終わる語なので, 例の「ちょっとひと手間」がありましたね. そうです, 語末の r をもう一つ重ねてから -eko を付けます.

　この「〜の」に当たる -ko/-eko は,「A にある／いる B」を表し, 前に見た -ren/-aren は「A が持っている B」を表すわけですが, このような意味の違いから, こんなふうな使い分けがなされます.

herriko liburutegia　　　herriaren izena
　　　　　　　　　　　　エリアレン　　イセナ

herriko liburutegia は先ほども出てきた「町の図書館」です. 後者の herriaren izena の izena は izen「名前」に単数の印 -a が付いたものです. すなわち, herriaren izena で「町の名前」ですね. 前者は「町にある図書館」, 後者は「町が持っている名前」ということなので, このように「しっぽ」を使い分けるのですね.

　さて, ちょっと疲れたので, auzoko parkea「近所の公園」へでもしばし散歩に出かけましょうか (auzo は「近所」, parke は「公園」).

コラム

しっぽのちょっとしたバリエーション

....

　バスク語には「〜の」が 2 種類ありましたが，二つ目の -ko/-eko のしっぽが付く方の「〜の」は，主に「どこそこの」を表すものでした．「どこそこ」の代表は地名です．たとえば，「ローマ（Erroma）の人々」はどうなるかというと，Erroma が母音で終わる語である，というのがヒントです．「人々」は jende と言います（「人々」は意味のうえでは複数の人々を表しますが，単数として扱う単語です）．

　　Erromako jendea
　　エロマコ　　ヘンデア

　このように，-ko が付くのでしたね．では，Paris「パリ」とか Madril「マドリッド」のように子音で終わっている語の場合は，規則どおり，

　　Pariseko jendea　　　　Madrileko jendea
　　パリセコ　　　　　　　　マドゥリりェコ

-eko が付くのでしたね．Ekuador「エクアドル」のように r で終わるものは，例の r を繰り返す，という規則が働きます．

　　Ekuadorreko jendea
　　エクアドレコ

　ところが，子音で終わる地名の場合，次のようなしっぽの付け方もあるのです．

　　Parisko jendea　　　Ekuadorko jendea　　　Madrilgo jendea
　　パリスコ　　　　　　エクアドルコ　　　　　マドゥリるゴ

　Madril のように l で終わったり Milan「ミラノ」のように n で終わっているものには -go，そのほかの子音で終わるものには単に -ko を付けるだけでもよい，というわけです．

....

コラム

「〜製の」

　あるものが「どんな材料・素材でできているか」によって区別するしかたを紹介しておきましょう．バスクの伝説に出てくる妖精 lamia は，川の岸辺にたたずんで「金の（金でできた）櫛」で髪をとかすと言われます．「金」は urre，「櫛」は orrazi と言います．「金の櫛」は，

urrezko orrazia

と言います．urre「金」に，-zko というしっぽが付いていますね．この部分が，「〜でできている，〜製の」を表しているわけです．「〜製の」を表す語は，ご覧のとおり名詞の前に置かれます．

　同様に，シンデレラよろしく「ガラスの靴」と言ってみましょう．「ガラス」は kristal，「靴」は zapata です．

kristalezko zapata

　このように，母音で終わっている語には -zko，子音で終わっている語には -ezko が付くんですね．

　さてピノキオは丸太から作られた人形ですが，これは，

egurrezko txotxongiloa

と言います．txotxongilo は「人形劇で使われる人形」，egur は「薪，丸太，木材」のことです．これは r で終わる語なので，しっぽを付ける際にはいつものひと手間が必要ですね．そう，r を重ねてからしっぽ -ezko を付けるわけですね．

【面白い本】

　区別の話はまだまだ続きますが，今度は，「どんなもの（人）なのか」という区別のしかたを見ていきましょう．たとえば，本は本でもいろいろありますからね．その前にちょっと復習です．「この本は面白い」はどう言うのでしたっけ？　「面白い」は interesgarri と言います．

　Liburu hau interesgarria da.　この本は面白い．
　　リブル　　アウ　　インテレすガリア　　ダ

　liburu に区別の語 hau「この」が付きました．ここでは，「これは面白い本だ」という具合に，liburu に「どんな」を表す語を付けて区別するやりかたを見てみましょう．こんな具合です．

　liburu interesgarria　面白い本

　ご覧のとおり，「本」（名詞）を先に置き，「面白い」（どんな）をその後ろに置くわけです．この点，順番が日本語とは違いますね．そう，liburu hau「この本」のときと同じ語順です．しかも，liburu が辞書形なのも liburu hau のときと同じです．ここに働いている規則を思い出してみますと，名詞の後ろに区別を表す語が付くときは，その名詞は辞書形になるのでした．liburu interesgarria「面白い本」においても，区別を表す語である interesgarria「面白い」が後ろにありますから，liburu は辞書形なわけですね．次に interesgarria に注目すると，辞書形ではなく，単数の印 -a が付いています．このように，単数の印は後ろの語に付くわけです．nire liburua「私の本」でも，後ろの語である
liburu に単数の印が付いていましたよね．ここで，「liburu hau（この本）では単数の印 -a がないけれどもどうしてかな？」という疑問が生ずるかもしれませんね．この場合は，hau「この」そのものが単数形なので，

-a は不要であるというわけです.

さて,「どんな」を付けて区別する例をもう少し見てみましょう. 今度は難易度で区別して,「やさしい本」と言ってみましょう.「やさしい」は erraz と言います.
エラス

　liburu erraza　　やさしい本
　　　　エラサ

erraz「やさしい」は liburu の後に置かれ, 単数の印 -a が付いていますね. 今度は,「古い本」,「美しい本」としてみましょう.「古い」はzahar,「美しい」は eder と言います.
サアル　　　　　　　　エデル

　liburu zaharra　古い本　　　liburu ederra　美しい本
　　　　サアラ　　　　　　　　　　　　エデラ

zahar「古い」も eder「美しい」もやはり liburu の後に置かれ, 単数の印 -a が付いています. ただ, どちらも r で終わる語ですから, 例のひと手間 (r を重ねる) があります.

では,「どんな」を表す語が二つ付く場合はどうなるでしょう. たとえば,「面白くて, やさしい本」とか,「古い, 美しい本」などと言う場合です.

　liburu interesgarri, erraza　面白くて, やさしい本
　liburu zahar, ederra　　　　古くて, 美しい本

liburu のあとに形容する語を二つ並べますが, 後ろの語だけに単数の印 -a が付いていますね. すなわち, 単数の印はとにかく最後の語にのみ付く, ということなのですね. それにしても, "liburu interesgarri, erraza" とは理想的な本ですし, "liburu zahar, ederra" とはどんな本か, 見てみたいものです.

【区別を尋ねよう】

　ここまで区別のしかたをいくつか見てきましたが,「区別を尋ねる言い方」はどうなるでしょう. シャビエル君が「本とってくれる？」と言うのですが,「どの本」なのかわかりません. そんなときはこう尋ねます.

　Zein?　どれ？
　　セイン

　zein は「どれ」で, この1語でもじゅうぶんですが,「どの」も表すので, 後に名詞を置いて「どの本？」という尋ね方もできます.

　Zein liburu?　どの本？
　　　　リブル

　おや, 区別を表す語が名詞の前にあるとき,「名詞に -a が付く」という決まりだったのに, ここでは liburu に -a が付かず辞書形になっていますね. 実はこれが規則に則らない場合の一つなのです. すなわち, zein「どの」の後の名詞は辞書形になるのです. シャビエル君は,

　Hori.　それ.
　　オリ

と答えました. もちろん Liburu hori.「その本」と言っても OK です. 手にとると, 小説らしい題名は書いてありますが, 著者名がよくわかりません.「だれの小説？」と尋ねてみましょう.「小説」は nobela と言い, もともと a で終わる語です.「だれの」に当たる語はどれでしょう.

　Noren nobela da?　だれの小説ですか？
　　ノレン　ノベら　ダ

　文頭の noren が「だれの」に相当しますね. nire「私の」, zure「君の」など,「だれそれの」という語は名詞の前に置かれましたが, noren「だれの」も例外ではないわけです. シャビエル君の返事は,

Lertxundiren nobela da.　レルチュンディの小説だよ.
れ<u>ル</u>チュンディレン

Lertxundi というのが作家の名前のようです.Lertxundiren の -ren
は「〜の」でしたね.Lertxundi はバスクの作家らしいのですが,「ど
この作家」なのでしょう.「作家」は idazle と言います.
イダ<u>ス</u>れ

Nongo idazlea da Lertxundi?　レルチュンディってどこの作家?
ノンゴ　　イダ<u>ス</u>れア

文頭の nongo が「どこの」に当たることがわかります.「どこそこの」
を表す語も名詞の前に置く約束でしたが,nongo「どこの」も同様に名詞
の前に置かれます.そして「作家」idazle には単数の印 -a が付きます.

Lertxundi Orioko idazlea da.　レルチュンディはオリオの作家だよ.
オリオコ

Orio はバスクの町の名です.語末の -ko は「〜の」を表すのでしたね.
さて,今度は「どんな小説」なのか気になります.
オリオ

Nolako nobela da hau?　これはどんな小説なの?
ノらコ　　　　　　　アウ

nolako が「どのような」を表すことがわかります.この語も名詞の前
に置かれます.シャビエル君は皆さんが知っている文で答えてくれました.

Nobela hau zaila da.　この小説は難しいよ.
サイりゃ

シャビエル君はさらにこう付け加えます.

Baina oso interesgarria da.　でもとても面白いんだよね.
バイニャ　オそ　　インテレす<u>ガ</u>り<u>ア</u>

baina は前にも出てきましたが「しかし」でしたね.「難しいけれど
面白い」…気になりますねえ!

【本がいっぱい】

区別の話はさらに続きます．ここでは数による区別を見ていきましょう．

シャビエル君は読書家で，家には liburu「本」がいっぱいあります．
リブル
日本語では，本が1冊あるのを見ても2冊以上あるのを見ても「あ，本だ」
ですみますが，バスク語では，1冊だと単数形，2冊以上だと複数形と，
形を変えて言うのが普通です．これまでは単数形についてだけ見てきた
ので，ここで複数形を学びましょう．liburu「本」の単数形と複数形を
比べてみましょう．

liburua　本（単数形）　　　liburuak　本（複数形）
リブルア　　　　　　　　　　　　リブルアク

違いは明らかですね．単数形ならば今まで見てきたように -a を付け
て liburua，複数形ならば -ak を付けて liburuak となるわけです．複数
形を発音する際は，語末の k のあとに母音の「ウ」が入らないように，
また「りブルアック」のように k の前に小さい「ッ」が入らないよう
に注意してください．もともと a で終わっている語，たとえば nobela
ノベら
「小説」はこうなります．

nobela　小説（単数形）　　　nobelak　小説（複数形）
ノベらク

単数形は何も付けず，複数形は -k だけを付けます．

さらに，単数形のときと同様，複数形の名詞にも「だれそれの」「ど
こそこの」を付けることができます．ここにある本はすべて「シャビエ
ルの（複数の）本」なのですが，どう言いますか？

Xabierren liburuak　シャビエルの（複数の）本
シャビエれン

　シャビエル君はさらに何かラベルの付いた liburu「本」をいくつか見せながら言いました.

　liburutegiko liburuak　図書館の（複数の）本
　　リブルテギコ

　liburutegi は「図書館」, -ko は場所を表す「～の」ですから, これは「図書館の（複数の）本」というわけですね.

　ところで, 複数形が出てきたついでに, 数量の多寡による区別を見てみましょう.「たくさんの本」「数冊の本」「わずかな本」などの区別です. これらの数量を表す語もまた, 名詞の後ろに置かれます. ということは, 名詞はどうなると予想できますか？　そうです, 辞書形なのです. とりあえず「たくさんの本」と言ってみましょう.

　liburu asko　たくさんの本
　　　　アスコ

　asko が「たくさんの」に当たることがわかります. ここでまたしても「あれっ, 複数の印はいずこに？」と疑問に思われたのではないでしょうか. その前にとりあえず「数冊の本」,「わずかな本」を見てみましょう.

　liburu batzuk　　数冊の本
　　　　バツク
　liburu gutxi　　わずかな本
　　　　グチ

　batzuk が「数冊の」, gutxi が「わずかな」に当たるのがわかりますね. これらにも複数の印 -ak は付きません. 実は, 数量を表す多くの語には, 複数の印 -ak は付かないのです.

　ここまで gauza asko「たくさんのことがら」（gauza は「もの, ことがら」）を学んできました. この先にも未知の世界が待っていますよ.

【面白い本がいっぱい】

シャビエル君の蔵書はほとんどが面白い liburu「本」なのですが，1
冊の「面白い本」ならこうなりましたね.

liburu interesgarria
インテレスガリア

形容詞は名詞の後に置かれ，単数の印 -a は後ろの語，すなわちここ
では形容詞だけに付くのでしたね. では，「面白い本」が複数ある場合
はどうなるでしょう. 考え方は 1 冊の場合と同じです. すなわち，前
に置かれる名詞には何も付けず，後ろに置かれる形容詞にだけ複数の印
を付けるというわけです. すると，

liburu interesgarriak
インテレスガリアク

となりますね. 形容詞が二つ付く場合もこれまた同じ考え方です. 少し
前に見た，「面白くて，やさしい本」を思い出してみましょう.

liburu interesgarri, erraza　面白くて，やさしい本
インテレスガリ　　エラサ

liburu に，interesgarri「面白い」と，erraz「やさしい」と，二つの
形容詞を付けるわけですが，いちばん後ろの erraz にだけ単数の印が付
きました. これが複数ですと…？

liburu interesgarri, errazak　面白くて，やさしい本（複数形）
エラサク

このように，複数の印はやはりいちばん後ろの語だけに付くわけです.
「名詞＋形容詞」の複数形バージョンがわかりましたので，次は複数
のものも「この／その／あの」で区別してみたくなります. 1 冊の「こ
の本」はこう言いました.

liburu hau　この本
　　　　　アウ

liburu「本」は区別を表す語の前にあるので辞書形ですし，hau「この」
自体，単数であることを表すので，これも単数の印 -a は付かないので
したね．複数の「これらの本」は次のように言います．

liburu hauek　これらの本
　　　　　アウエク

hauek というのが，「これらの」に当たることがわかりますね．日本
語の訳では「この」としたり「これらの」としたりします．同様に，「そ
の」「あの」を思い出してみましょう．

liburu hori　その本
　　　　　オリ
liburu hura　あの本
　　　　　ウラ

本が 2 冊以上（つまり，複数）なら，こうです．

liburu horiek　それらの本
　　　　　オリエク
liburu haiek　あれらの本
　　　　　アイエク

hauek と horiek は，それぞれ hau と hori に -ek が付いてできたもの
ですが，haiek だけは hura とはだいぶ違う形になっています．
　ところで，単数形の hau「この」，hori「その」，hura「あの」は，そ
れぞれ「これ／この人」「それ／その人」「あれ／あの人」をも表すの
でしたね．複数形についても同じことが言えます．すなわち，hauek,
horiek, haiek は「これらの」「それらの」「あれらの」のほか，「これ
ら／この人たち」「それら／その人たち」「あれら／あの人たち」をも表
します．

【私たちの町のこの古い図書館】

ここまで，さまざまな視点からの区別のしかたを見てきました．ざっと復習しておきましょう．

「私の本（単数／複数）」	→	nire liburua/nire liburuak
		ニレ　リブルア　　　　リブルアク
「町の図書館（単数／複数）」	→	herriko liburutegia/herriko liburutegiak
		エリコ　　　リブルテギア　　　　　　リブルテギアク
「古い本（単数／複数）」	→	liburu zaharra/liburu zaharrak
		リブル　サアラ　　　　　サアラク
「この本／これらの本」	→	liburu hau/liburu hauek
		アウ　　　　アウエク
「たくさんの本」	→	liburu asko
		アスコ

このほかに，一度に二つ以上の視点から区別することもあり得ます．たとえば「私の古い本」ならば，「だれのものか」と「どんなものか」の二つの視点で区別しています．

nire liburu zaharra/nire liburu zaharrak　私の古い本（単数／複数）

「だれそれの」は名詞の前，形容詞は名詞の後ろに付き，単数や複数の印は最後の語に付く，という決まりがここでも適用され，liburu でなく zahar「古い」の方に -a/-ak が付いているわけです．次はこれです．

nire liburu hau/nire liburu hauek　私のこの本／私のこれらの本

「こ・そ・あ」は名詞の後ろに付く約束でしたね．liburu hau「この本」に nire が付いたと考えると簡単ですね．では次の二つは？

herriko liburutegi zaharra　町の古い図書館
　　　　　リブルテギ
herriko liburutegi hau　　　町のこの図書館

「どこそこの」を区別する herriko は herri「町，村」に「〜の」を表

すしっぽ -ko が付いたもので，これも名詞の前に付くのでした．

　次は名詞の後ろに区別を表す語が二つ付く例です．

　liburu zahar hau　　この古い本　　liburu zahar asko　　たくさんの古い本
　　　　　サアル

　左の例では，名詞にどんなものかを表す語と，「こ・そ・あ」の両方
が付いています．右の例はどんなものかを表す語と，数量を表す語が付
いています．このような場合は，どんなものかが先で，「こ・そ・あ」
や数量を表す語は後に付く約束です．したがってどんなものかを表す語
はいちばん後ろの語ではないので，単数や複数の印は付かず，zahar と
いう辞書形のまま，というわけです．

　次は名詞の前に二つの区別の語が付く例です．

　gure herriko liburutegia　　私たちの町の図書館
　　グレ

　gure「私たちの」と herriko「町の」のどちらが先に付くかが問題で
すが，「私たちの」が直接かかるのは herri「町」で，herriko「町の」が
直接かかるのは liburutegia「図書館」なので，その順番で並べます．こ
　　　　　　　　　　　　　　　エリ
れが herriko gure liburutegia となると，「町の私たちの図書館」となり，
herriko も gure も両方 liburutegia にかかると解釈されます．

　このように，名詞の前に置くべきものは前に，後ろに置くべきものは
後ろに置き，いちばん後ろに置かれた語で単数・複数の区別をする，と
いうルールに変わりはないわけです．区別を表す語が三つ以上付く場合
も，この原則は生きます．

　gure herriko liburutegi zaharra　　　私たちの町の古い図書館
　gure herriko liburutegi zahar hau　私たちの町のこの古い図書館

コラム

「バスクの」

....

名詞に「どんなものか」を表す語（形容詞）が付く場合，liburu zaharra「古い本」のように，名詞が先で「どんなものか」が後ろに置かれる，ということを学びましたが，実は，「どんなものか」を表す語で名詞の前に置かれるものもあります．

Euskal Herria　バスク地方
エウスカル　　　エリア

前半の euskal というのは「バスクの，バスク語の，バスク人の」という意味で，これは必ず名詞の前に置かれるのです．後半の herria は名詞です．そう，何回か「村，町」の意味で出てきた herri に単数の印 -a が付いたものです．「バスク地方」という固有名詞として，euskal, herria それぞれの頭文字を大文字で書きます．単数・複数の印は後ろに置かれる語のほうだけに付く，という原則がここでも適用されています．ちなみに，herri には「地方，国，民族」といった意味も含まれており，Euskal Herria は「バスク国」と訳すこともできます．ほかにも「バスク文化」は euskal kultura ですし，「バスク音楽」は euskal musika ですし，「ガトー・バスク」の名で知られるバスクのケーキ（pastel）は euskal pastel です．kultura「文化」，musika「音楽」はもともと a で終わる語です．

もう一つ，euskal etxea というのがあります．etxe は「家」でしたね．直訳すると「バスクの家」ですが，これはいわば「バスク人の集いの場所」として建てられた施設で，世界のあちこちにあります．異国へ移住したバスクの人たちやその子孫たちがここに集まり，親交を深めたり，バスク語やバスク文化を継承するための拠点となっています．

....

コラム

兄弟姉妹

....

　「区別」のしめくくりとして，バスク語の「きょうだい」を表す語を見てみましょう．バスク語は日本語とも英語とも異なるシステムを持っています．

　総称としての「きょうだい」は senide と言いますが，細かく見ると「姉妹」を指す語も「兄弟」を指す語も二つずつあります．「姉妹」は arreba ／ ahizpa，「兄弟」は anaia ／ neba と言います（これらはすべてもともと a で終わる語です）．このように「性別」で分けるのは日本語や英語と共通です．

　では arreba と ahizpa，anaia と neba はどのように区別されるのでしょう．日本語では自分より年長か年少かにより姉／妹，兄／弟を使い分けますね．バスク語ではそうではなく，arreba は「男性にとっての姉妹」，ahizpa は「女性にとっての姉妹」を表し，anaia は「男性にとっての兄弟」，neba は「女性にとっての兄弟」を指すのです．

　つまり，もしあなたが女性で，お姉さんか妹さんがいるなら，その方たちはあなたの ahizpa であり，あなたが女性である以上，あなたに arreba がいる，ということはあり得ません．もしあなたが男性で姉妹がいるならば「私には arreba がいる」と言わねばならず，「私には ahizpa がいる」とは言えないわけです．兄弟を表す語についても同様の使い分けがなされるというわけです．

　ただし，neba だけは地域によっては使われず，そのような地域では「兄弟」はすべて anaia です．ともあれ，このような区別，ちょっと「目からウロコ」の感じがしませんか？

....

2 人と時間のしくみ

【「〜だ」は "da" だけじゃない】

いよいよここから動詞の話です．まず，一つ思い出してみましょう．

Hura Txomin da.　あの人はチョミンだよ．
ウラ　チョミン　ダ

この da は，日本語でいうと「〜だ，〜です」にあたるわけですが，これも動詞の仲間と言えます．この文の hura「あの人」を「君」に変えて，「君はチョミンですか」と質問してみましょう．

Zu Txomin zara?　君はチョミンですか？
ス　サラ

最初の文の hura の位置にある zu が「君」（zu は，親しい人でも目上の人でも初対面の人でも，誰に対しても使える語ですので，「あなた」とも「君」とも訳すことができますが，本書では「君」で統一したいと思います）．そして，da の位置にある zara というのが「〜だ」にあたると推測できます．すなわち，主語が zu になるのに伴い，da が zara に変わっているわけです．このように，動詞は主語によって「変身」します．さて，この問いに，「はい，私はチョミンです」と答えてみましょう．

Bai, ni Txomin naiz.　はい，私はチョミンです．
バイ　ニ　チョミン　ナイス

文頭の bai は「はい」でしたね．ほかに ni, naiz というのがありますが，ni は「私」，naiz は主語が ni のときに使う「〜だ」というわけです．

ところで，zara は zu の，naiz は ni の専属です．でも，da は hura「あの人」の専属ではありませんね．da はこれまでも何度も，hura 以外の語とも一緒に使われていました．すなわち，da は，ni と zu 以外の人やものを表すすべての語と結び付くということです．ただし，「すべて」と言っても「単数」の語に限ります．主語が「あの人たち」など複数の

人やもののときは「〜だ」のところに da は使えず，また別のものを使います．なお，本書はバスク語の大枠を捉えることが目的なので，話をわかりやすくするため，動詞は原則として主語が単数の場合の形のみ，扱うことにします．

　さて，このように，主語によって動詞の形が違うということは，動詞の形を見れば主語が「私」か「君」か「それ以外」かがわかりますので，文脈や状況から主語がだれなのかわかりきっているときは，主語は省略できます．ですから，さきほどの Zu Txomin zara? は Txomin zara? としてもよいし，それに対する答えの文 Bai, ni Txomin naiz. も Bai, Txomin naiz. としてもよいのです．

　ここで，euskaldun「バスク人」という名詞を使っておさらいしておきましょう．euskaldun は -a の付いた単数形にします．

　Zu euskalduna zara?　君はバスク人ですか？

「君は〜です」の文ですから，zu と zara を使いますね．次に「私は日本人です」と言ってみましょう．「日本人」は japoniar と言います．これも単数形にして，さてどうなりますか？

　Ni japoniarra naiz.　私は日本人です．

japoniar は r で終わるので，単数形にするときは例のひと手間をかけて，japoniarra とするわけです．さらに japoniarra のところに自分の名前を入れると，立派な自己紹介になります．たとえば，筆者の場合は Ni Hiromi naiz. というわけです．皆さんもご自分の名前を入れて Ni ○○ naiz. と言ってみてください．

【私はその本を持っています】

　先ほど見た naiz/zara/da と同じくらい活躍する動詞,「〜を持っている」について見ていきましょう.
ナイス　サラ　ダ

　あなたが手に何か持っているのを見て, 友だちが「君, そこに何を持っているの?」と尋ねてきたとしましょう. 前のページで述べたように主語は省略できますので「主語省略」でいきましょう.「何」は zer と言うんでしたね.「そこに」は hor と言います.
セル
オル

Zer duzu hor?

　zer と hor がわかっていますから, duzu が何を表すかは自明ですね. そう,「君は〜を持っている」です (duzu の du も zu も唇を丸めてしっかり発音しましょう). これに対し,「私はラジオを持っているんだよ」と答えてみましょう. ラジオは irrati と言います.
イラティ

Irratia dut.
イラティア　ドゥと

　「私は〜を持っている」に当たるのが dut であることがわかります (dut の語末の t は, 英語の cat の t ほど強くなく, また t の後に母音のウやオが入らないように注意してください. この語末の t の発音を「と」と示すことにします).

　さて, 動詞だけで主語が「私/君/それ以外」であることがわかってしまうとは言え, やはり「誰それが」と主語を明示したい時, しなければならない時もありますよね. そこで今度は主語を付けて言ってみましょう. まずは上の文に「私は」と付け足してみましょう.

Nik irratia dut.
ニク

　ここで皆さんは「『私は』は ni じゃなかったの？」と不審に（？）思われたことでしょう．実は，バスク語には「私は」に当たる語が二つあるのです，ni と nik と．これは「私は」に限らず，すべての主語に言えることです．上の疑問文 Zer duzu hor? に主語を付け足すと，

　Zuk zer duzu hor? 　君はそこに何を持っているの？
　　スク

　zuk という語が現れましたが，これが duzu「君は〜を持っている」に対応する主語「君は」なのですね．もう一つ，見てみましょう．

　Txominek irratia du. 　チョミンはラジオを持っている．
　　チョミニエク　イ<u>ラ</u>ティア　ドゥ

　irratia は先ほど出てきた「ラジオ」，du が「私や君ではない誰かが〜を持っている」に当たり，Txominek は Txomin にしっぽが付いたもので，この文の主語です．39 ページの Txomin oso lotsatia da.「チョミンはとてもシャイです」の主語は Txomin となっていましたよね．このように「チョミンは」に当たる語も 2 種類あるわけです．これら，ni – nik，zu – zuk，Txomin – Txominek という主語のペアを見ると，「〜を持っている」の主語になる方は -k で終わっている，という共通点が見てとれますね．そこで，これらを便宜的に「k 付き主語」と呼び，-k が付かない方を「k なし主語」と呼ぶことにしましょう．

　さて，気になるのは二つの主語の使い分けですね．今の時点では，naiz/zara/da の主語なら「k なし主語」，dut/duzu/du（〜を持っている）の主語なら「k 付き主語」を使うのだと覚えておいてください．ところで，dut/duzu/du を見比べると，すべて du- で始まる，という共通点が見えますね．それに比べて naiz/zara/da は共通点の見えない形ですね．

【私は本をたくさん持っている】

前のページでは次のような文を見ましたね.

Txominek irratia du. チョミンはラジオを持っている.
チョミニェク　イラティア　ドゥ

「持っているもの」である irratia「ラジオ」は, irrati に単数の印の -a が付いているものなので, このラジオは「1個」ですね. でも,「持っているもの」が「いくつか」であることもあれば「たくさん」であることもあり得ますし, それを表現したい場合もあるでしょう. 例えば,「チョミンはそれらの本を持っている」ならどうでしょう.

Txominek liburu horiek ditu.　チョミンはそれらの本を持っている.
リブル　オリエク　ディトゥ

「それらの本」は liburu + horiek, チョミンは「持っている」の主語ですから k 付きの方を使って Txominek で良いとして, 肝心の「持っている」が今までと違っていますね? 「チョミンは〜を持っている」なら du じゃなかったっけ, とまたしても不審に（？）思われたことでしょう.

実はバスク語では, 動詞の形は, 主語だけでなく,「持っているもの」が一つのものなのか, 二つ以上のものなのかによっても変わるのです.「シャビエルは〜を持っている」で言うと,「持っているもの」が一つなら du, 二つ以上なら ditu となる, というわけです. 他の主語のときも同じことが起こります.「君は〜を持っている」は「持っているもの」が liburu hori のように一つなら duzu でしたね. でも「あなたはそれらの本を持っていますか」なら, ちょっと変わって次のようになります.
ドゥス

Zuk liburu horiek dituzu?
スク　　　　　　　　ディトゥス

　duzu に代わって dituzu という形が現れましたね.

　さて，du − ditu，duzu − dituzu という変わり方を見ると，規則性のようなものが見えるのではないでしょうか.「持っているものが一つ」のときの形，すなわち du, duzu の語頭の d の後に，-it- という要素が割り込むと,「持っているものが二つ以上」のときの形である ditu, dituzu になる，という法則のようなものがあるようです.

　とすると，Nik liburu hori dut.「私はその本を持っている」を「私はそれらの本を持っている」としたいとき，dut はどうなると予想できますか?

　Nik liburu horiek ditut.
　　　　　　　ディトゥット

　ditut という形になりますね. ところで「二つ以上のもの」と言えば，数量を表すことばである asko「たくさんの」，batzuk「いくつかの」とか gutxi「わずかな」というのもありましたね（自信のない方は 69 ページへ遡って確認してみてくださいね）. 名詞にこれらの語が付いた場合も，「持っているもの」が二つ以上であることを表しますので動詞の形がどうなるかに着目してください.

　Nik liburu asko ditut.　　　私は本をたくさん持っています.

　Nik liburu batzuk ditut.　　私は本を何冊か持っています.

　Nik liburu gutxi ditut.　　　私は本をわずかしか持っていません.

　これらの数量を表すことばは，それ自体「二つ以上であること」を表しますので，わざわざ複数の印である -ak を付ける必要はないのでしたね.

【私は起きた】

　「〜だ」と「〜を持っている」だけでは飽きますから，日常的によく使われるバスク語の動詞を，辞書の見出し語として載る形でいくつか挙げてみましょう.

sartu サ<u>ル</u>トゥ	入る	poztu ポストゥ	喜ぶ	etorri エト<u>リ</u>	来る
hasi ア<u>し</u>	始まる	eseri エセリ	座る	egon エゴン	いる，ある
joan ホアン	行く	igo イゴ	のぼる	jaiki ハイキ	起きる

　まず，動詞は，辞書に載っている形のままで「命令」を表すことができます. たとえば，上の表に jaiki「起きる」というのがありますが，だれかに向かって "Jaiki!" と言えば，「起きろ／起きなさい／起きてね」ということを表すことができます.

　この，辞書の見出しになる形には，もう一つ重要な役割があります. それは，前に見た，da/zara/naiz と組み合わせることにより，「〜は〜した」ということを表す，というものです. ただし，「〜した」と言っても「昨日」や「先月」や「去年」などの「過去のこと」ではなく，「今日やった／起こったこと」，あるいは「現時点までに済んでしまったこと／やったことがあること」を表すのです.

　たとえば，jaiki「起きる」を例にとると，主語がシャビエルの場合，これと一緒に使われる da を組み合わせて，

　Xabier jaiki da.
　シャビ<u>エル</u>

とすると，「シャビエルは（今／今日）起きた」という意味を表すわけです. 同じように，「君は（今／今日）起きた」とするには，どうしたらよいと思いますか？

Zu jaiki zara.　君は起きた.
　ス

主語は zu,「君は〜だ」を表す zara と組み合わせるわけですね. さらに同じように,「私は（今／今日）起きた」なら？　もう簡単ですね.

Ni jaiki naiz.　私は起きた.
　ニ

主語は ni, そして「私は〜だ」を表す naiz を使うというわけです. 次に etorri「来る」を使って「シャビエルが来た」としてみましょう.

Xabier etorri da.　シャビエルが来た.

同じように, 主語を「君は」「私は」に変えて言ってみると,

Zu etorri zara.　君は来た.　　　Ni etorri naiz.　私は来た.

となりますね. このように動詞とともに使われる da/zara/naiz は, もはや「〜だ」という意味から離れていると言えます. 動詞（jaiki や etorri）だけでは主語が「私／君／それ以外」のどれなのかなどを表しきれないので, da/zara/naiz の助けを借りて補っているのです. つまり, この場合の da/zara/naiz は動詞に対する「助っ人」というわけです.

　さて, 冒頭に挙げた九つの動詞は, いずれも主語はとりますが,「〜を」に当たる語（目的語）をとらない動詞ばかりです. 助っ人としての da/zara/naiz は, このような「主語はとるが『〜を』に当たる語はとらない動詞」に対する助っ人なのです. この助っ人としての「〜だ」を便宜的に「助っ人の"だ"」と呼んでおきましょう.

　なお, 上に挙げた例文は, すべて, 上昇調イントネーションで発音すると, そのままで疑問文になります.

【私はその本を読んだ】

「〜した」という言い方の続きです．動詞をいくつか挙げましょう．

ulertu ウレ<u>ル</u>トゥ	理解する	hartu ア<u>ル</u>トゥ	取る	saldu さる<u>ド</u>ゥ	売る
ikasi イカし	学ぶ	ikusi イク<u>し</u>	見る，会う	ekarri エ<u>カ</u>リ	持って来る
jan ハン	食べる	irakurri イラク<u>リ</u>	読む	bete ベテ	満たす

　これらはいずれも「A は B を〜する」という型で使われるもの，すなわち主語と「〜を」に当たる語の両方をとる動詞ですが，やはり助っ人を必要とするのです．この中の irakurri「読む」を使って，「シャビエルはその本を読んだ」としてみましょう．

Xabierrek liburu hori irakurri du.　シャビエルはその本を読んだ．
シャビエ<u>レ</u>ク　　りブル　オリ　　　　　　<u>ド</u>ゥ

　Xabierrek は「シャビエル」，liburu hori は「その本」，irakurri は「読む」ですから，最後の du が助っ人であることが推測できます．でも，この du とはそもそも何でしたっけ？　そう，「持っている」でしたよね．主語がシャビエルという「私や君以外の人」で，「持っているものが一つのもの」のとき，「持っている」は du でした．また，この文のシャビエルは du を使う文の主語ですから k 付き主語の Xabierrek となります．このように主語と「〜を」に当たる語がある文では，「持っている」の du/duzu/dut が助っ人となるのです．では「君はその本を読みましたか」ドゥス　ドゥトなら？　「君はその本を読んだ」という文に“？”を付けるだけなので

Zuk liburu hori irakurri duzu?　君はその本を読みましたか．
スク

となりますね．主語が「君」なので助っ人は duzu が選ばれ，主語も duzu とともに使われる k 付き主語の zuk です．これに対する答えとし

て「ええ，私はその本を読みました」はどうなるでしょう？

　Bai, nik liburu hori irakurri dut.　ええ，私はその本を読みました．
　　バイ　ニク

　bai は「はい」．主語が「私」なので助っ人は dut，主語は dut と組む
k 付きの nik となるわけです．なお，主語が省略できるように，「〜を」
に当たる語句も，言わなくてもわかる場合は省略できるので，この文は
nik も liburu hori も省いて Bai, irakurri dut. としても OK です．

　さて，さらに進んで，読んだものが「それらの本」である場合はどう
なると予想できますか？

　Nik liburu horiek irakurri ditut.　私はそれらの本を読んだ．
　　　　　オリエク　　　　ディトゥと

　主語が「私」で，「持っているもの」が二つ以上のときの「持っている」
の ditut が助っ人として登場とあいなるわけです．同様に，「君はそれ
らの本を読みましたか」と尋ねてみてください．

　Zuk liburu horiek irakurri dituzu?　君はそれらの本を読みましたか？
　　　　　　　　　　　　　ディトゥス

　主語が「君」で「持っているもの」が二つ以上のときに使われる
dituzu が選ばれましたね．「シャビエルはそれらの本を読んだ」なら？

　Xabierrek liburu horiek irakurri ditu.　シャビエルはそれらの本を読んだ．
　　　　　　　　　　　　　　　ディトゥ

　動詞と組んで助っ人として使われる du/duzu/dut や ditu/dituzu/ditut
も，もはや「持っている」という意味から離れています．この助っ人と
しての「持っている」を「助っ人の"持つ"」と呼んでおきましょう．

辞書の見出しになる形を活用

....

　動詞の辞書の見出しになる形（辞書形）を利用した，よく使われる表現を見てみましょう．一つは，nahi という語と，動詞の辞書形を組み合わせるもので，「〜したい」を表します．こんな具合です．

Xabierrek liburu hori irakurri nahi du.
シャビエレク　リブル　オリ　イラクリ　ナイ　ドゥ
シャビエルはその本を読みたがっている．

　「〜したい」の部分の並び方は，平叙文では「動詞 + nahi + 助っ人」の順です．また，「〜を」があってもなくても，必ず助っ人の "持つ" が現れ，「〜を」が複数を表すものならば ditu...が使われます．

　この nahi と同じ使い方をするのが，behar です．これは他の動詞と組んで「〜しなければならない」を表します．

Xabierrek joan behar du.　シャビエルは行かなくてはならない．
　　　　　ホアン

　この場合も，「〜を」の有無にかかわらず必ず助っ人の "持つ" が登場し，「〜しなければならない」のところは，さっきの nahi と同様「動詞 + behar + 助っ人」の順で並びます．

　また，nahi も behar も，他の動詞なしでも使われます．nahi は「〜が欲しい」，behar は「〜が必要だ」の意味で，こんなふうに使います．

Xabierrek "Euskararen egitura" nahi du.
エウスカラレン　エギトゥラ
シャビエルは『バスク語のしくみ』を欲しがっている．

Xabierrek "Euskararen egitura" behar du.
シャビエルは『バスク語のしくみ』が必要だ．

....

コラム

否定文と語順

....

　これまでおもに平叙文と疑問文の例を出してきましたが，否定文の語順についてもう一度触れておきましょう．否定の語「〜ない」は ez というのでしたね．平叙文（文末を上り調子で言えば疑問文になるのでした）の語順を，前に出てきた「シャビエルが来た」で確認しましょう．

Xabier etorri da.　シャビエルが来た.
　シャビエル　エトリ　ダ

　平叙文は日本語のような語順で語を並べればよかったのですが，否定文「シャビエルは来なかった」では，語順に注意しなければなりません．可能な語順はいくつかありますが，次がもっとも普通の語順です．

Xabier ez da etorri.　シャビエルは来なかった／来ていない.
　　　エス

　重要なのは，"ez da...etorri" という並び方が固定されているということです．とくに，「否定の語 ez ＋助っ人（ここでは da)」の部分の結び付きは固く，わずかな例外を除いて，原則として間に何者も割り込むことはできません．助っ人と動詞（ここでは etorri）の間には，助っ人が先という順番さえ守られれば，他の語が割り込むこともできます．たとえば，次のように gaur「今日」をこの位置に置くことも可能です．
　　　　　　　　　　　　　　　　　　　ガウル

Xabier ez da gaur etorri.　シャビエルは今日は来ていない／来なかった.

....

【ふだんする・いつもする】

　「〜した」という，「済んでしまったこと」の表し方を見ましたので，今度は，「ふだん／いつも／習慣的にしていること」をどう表すか，見てみましょう．jaiki「起きる」という動詞を使い bostetan「5 時に」という語を加えて，「シャビエルは（ふだん）5 時に起きます」という文を作ってみます．

Xabier bostetan jaikitzen da.　シャビエルは（ふだん）5 時に起きます．
シャビエル　　　ハイキツェン　ダ

　ここで「jaikitzen って何？」という声が聞こえてきそうです．実は「今日／今，終わってしまったこと」を表すには辞書形 jaiki のままでよいのですが，「ふだん／いつもやること」を表すには，jaiki に -tzen というしっぽを付けて，jaikitzen という形に変身させる必要があるのです．この形になることで，「ふだん／いつもやること」であることがわかるのです．-tzen が付いても，jaiki という動詞が助っ人の "だ" をとることは変わりませんし，これと連動して主語も k なし主語であることも変わらないわけです．

　もう一つ，動詞 irakurri「読む」を使って「シャビエルは（ふだん／いつも）新聞を読んでいる」と言ってみましょう．「新聞」は egunkari です．単数形 egunkaria で行きましょう．
イラクリ　　　　　　　　　　　　　　　　　　　　　　　　　エグンカリ
エグンカリア

Xabierrek egunkaria irakurtzen du.
シャビエレク　　　イラクルツェン　ドゥ

　ここでも，「あれっ，irakurtzen て何？」という声が聞こえてきそうです．そう，jaiki「起きる」が jaikitzen と変身したのに対し，irakurri は irakurtzen と変身していますよね．irakurri の語末の ri がなくなって，-tzen というしっぽが付いています．このように，「ふだん／いつもやる

こと」を表すには jaikitzen, irakurtzen に見られる -tzen というしっぽ（これは動詞によっては -ten となることもあります）が必要なのですが，jaiki のように jaiki 自体はそのままで -tzen が付いたり，irakurri のように語末の -ri を除いてから -tzen を付けたり，その付き方はさまざまなのです．とりあえず，現時点では動詞に -tzen（または -ten）が付けば「ふだん／いつもやること」を表すのだ，と覚えておけばじゅうぶんです．この，動詞に -tzen/-ten が付いた形を -t(z)en 形と呼んでおきましょう．なお，irakurri が irakurtzen になっても，助っ人の "持つ" をとり，これと連動して主語が k 付き主語になることに変わりはありません．主語が「私」でも「君」でも理屈は同じです．

　Zuk egunkaria irakurtzen duzu?　君は（ふだん）新聞を読みますか？
　　スク　　　　　　　　　　　　ドゥス

　助っ人の "持つ" は，主語が「君」ですから duzu が現れ，主語はそれと組む k 付き主語の zuk となっています．これに答えて「はい，私は（ふだん）新聞を読んでいます」と言うなら，どうなりますか？

　Bai, nik egunkaria irakurtzen dut.
　　バイ　ニク　　　　　　　　　　　ドゥと

　さて，「ふだん／いつも」することですから，egunero「毎日」，astero「毎週」，beti「いつも」などの語がいっしょに使われることがよくあります．たとえば，「私は毎日，新聞を読む」なら，日本語のこの語順でバスク語の語を並べてみてください．
　　　　　　　　　　　　　エグネロ　　　　　　　　　アステロ
　　　　　　　ベティ

　Nik egunero egunkaria irakurtzen dut.

　こう並べればよいというわけですね．

【明日する】

　ここでは「これからやること」，いわゆる未来のことの表し方を見て
いきましょう．「シャビエルは明日5時に起きる予定だ／起きるつもり
だ／起きるだろう」などという場合で，予定を表したり，「〜するつも
りだ／〜しよう」という意志を表したり，「〜するだろう」というやや
不確かな未来を表したりしますが，「これからやること」という点では
共通です．上の文をバスク語で言ってみましょう．

Xabier bihar bostetan jaikiko da.　シャビエルは明日5時に起きるだろう．
シャビエル　ビアル　ボステタン　ハイキコ　ダ

　bihar が「明日」，bostetan が「5時に」です．「起きる」の辞書形は
jaiki でしたが，それと関係ありそうな jaikiko というのが登場していま
す．「これからやること」を表すには，このように jaiki に -ko というしっ
ぽを付ける必要があるのです．動詞 jaiki が jaikiko となっても，助っ
人の "だ" が登場し，主語が k なし主語であることに変わりはありま
せん．もう一つ，irakurri「読む」を使って「シャビエルは『バスク語
のしくみ』を読むだろう」と言ってみましょう．

Xabierrek "Euskararen egitura" irakurriko du.
シャビエレク　エウスカラレン　エギトゥラ　イラクリコ　ドゥ

　本書のタイトル『バスク語のしくみ』は Euskararen egitura でしたね．
この場合も，助っ人の "持つ" が登場し，主語が k 付き主語であること
に変わりはありません．さて，動詞を見ますと，irakurri は irakurriko
となっています．jaiki – jaikiko と同じように，辞書形にそのまま -ko
というしっぽが付いていますね．

　さて今日はシャビエル君とある jatetxe「レストラン」で昼食です．
席につき，メニューを見ます．シャビエル君に尋ねられました．

Zuk zer jango duzu?　君は何を食べるつもり？
　スク　セル　ハンゴ　ドゥス

　「食べる」は jan，「何」は zer と言いましたね．このような表現も未
来形を使って言います．おや，jan が jango となっています．未来を表
すしっぽは -ko だったのに…実は，動詞によっては -ko でなく -go と
いうしっぽが付くのです．これはどういうことかというと，n で終わる
動詞に対しては -go が付き，それ以外のものには -ko が付く，という
簡単な使い分けなのです．etorri「来る」だと etorriko，poztu「喜ぶ」
　　　　　　　　　　　　　　エトリ　　　　エトリコ　　　ポストゥ
だと poztuko となりますし，edan「飲む」，joan「行く」は n で終わる
　ポストゥコ　　　　　　　エダン　　　　　ホアン
ので edango，joango となるわけです．
　エダンゴ　ホアンゴ

　何を食べるかいつも大いに迷うのですが，今日は魚料理のなかのバス
ク名物，legatz「メルルーサ」の鉄板焼きが食べたい気分です．legatz
　　　　　レガツ
は単数形にします．

Nik legatza jango dut.　私はメルルーサを食べよう．
ニク　れガツァ　ハンゴ　ドゥと

　これもこれからやることの意思表示ですから未来の形です．シャビエ
ル君にも同じ質問をしてみました．彼の答えは，

Nik txipiroiak jango ditut.　ぼくはイカを食べよう．
ニク　チピロイアク　ハンゴ　ディトゥと

というものでした．txipiroi は小ぶりなイカで，1 人前は 4 〜 6 匹くら
　　　　　　　　　チピロイ
いですので，シャビエル君は複数形で txipiroiak と言ったのですね．そ
れに伴って，助っ人は「〜を」が複数のものであるときの形 ditut が使
われています．さあ，飲み物と料理が運ばれて来ましたよ．まずは乾杯
です．Topa!「乾杯！」
　　　トパ

【昨日以前のこと】

　ここまでは「今日，あるいは現在までに完了したこと」「ふだんのこと」「これからのこと」を言う表現を見てきました．でも，昨日のことなど，「今日」以外の過去のことも言ってみたいですよね．ちょっと前に見た「今日したこと」を思い出してみましょう．せっかくですから，gaur「今日」という語を加えて，「シャビエルは今日 5 時に起きた」と言ってみましょう．gaur「今日」の位置は日本語のように主語の後で OK です．

Xabier gaur bostetan jaiki da.　シャビエルは今日 5 時に起きた.
　シャビエル　　　　ボステタン　　ハイキ　ダ

　これをもとに，「シャビエルは昨日 5 時に起きた」と言ってみたいと思います．こんな具合です．

Xabier atzo bostetan jaiki zen.　シャビエルは昨日 5 時に起きた.
　　　　アツォ　　　　　　　　セン

　gaur の位置に現れている atzo というのが「昨日」です．また，助っ人の da が zen というものに変わっているのがわかるでしょう．「昨日以前のこと」を言うには，このように，助っ人のところを変える必要があるのです．zen は da の過去を表す形です（ということは，da は「現在形」だということですね）．同じように，Zu gaur bostetan jaiki zara?「君は今日 5 時に起きましたか」を，「君は昨日 5 時に起きましたか」としてみましょう．

Zu atzo bostetan jaiki zinen?　君は昨日 5 時に起きたの？
　　　　　　　　　　　スィニェン

　zinen というのが zara の代わりに現れていますが，これが zara の過去形と言うわけです．この疑問文に「はい，私は昨日 5 時に起きました」と答えてみましょう．

Bai, ni atzo bostetan jaiki nintzen.
バイ　ニ　　　　　　　　　　　　ニンツェン

「私は今日5時に起きた」なら Ni gaur bostetan jaiki naiz. ですから，
　　　　　　　　　　　　　　　　　　　　　　　　ナイス
naiz の代わりの nintzen が過去の形であることがわかります.

　では，「〜を」のある文，Xabierrek gaur legatza jan du.「シャビエ
　　　　　　　　　　　　　　　　　　　　　レガツァ　ハン　ドゥ
ルは今日メルルーサを食べた」の gaur「今日」を，atzo「昨日」として，
過去の文にしてみましょう.

　Xabierrek atzo legatza jan zuen.　シャビエルは昨日メルルーサを食べた.
　シャビエレク　　　　　　　スエン

　du の位置に現れている zuen，これが du の過去形であるというわけ
です. 同じように，現在形 Zuk gaur legatza jan duzu?「君は今日メル
　　　　　　　　　　　スク　　　　　　　　　　　ドゥス
ルーサを食べた？」を「君は昨日メルルーサを食べた？」とすると，

　Zuk atzo legatza jan zenuen?
　　　　　　　　　　　　セヌエン

となります. zenuen というのが duzu の過去形であることがわかります.
これに「はい，私は昨日メルルーサを食べました」と答えてみましょう.
「今日」なら Bai, nik gaur legatza jan dut. となるところですが，
　　　　　　　　ニク　　　　　　　　　　　ドゥッと

　Bai, nik atzo legatza jan nuen.　はい，私は昨日メルルーサを食べました.
　　　　　　　　　　　　ヌエン

となります. dut の位置に現れている nuen が dut の過去形なんですね.
「〜を」が二つ以上のものである場合も同様に，助っ人の"持つ"の
ditu/dituzu/ditut が，zituen/zenituen/nituen と変わることにより，昨
ディトゥ　ディトゥス　ディトゥと　　　スィトゥエン　セニトゥエン　ニトゥエン
日以前の過去のことを表す文ができるというわけなのです.

【シャビエルはパチに本を持って来た】

　今日は，シャビエル君とともに羊飼いのパチ（Patxi）君を訪ねることになっています．シャビエル君は本を持って来ています．「持って来る」は ekarri と言います．これをバスク語で言うと，

Xabierrek liburua ekarri du.
　シャビエレク　　リブルア　　エカリ　　ドゥ

となりますね．「〜を」のある文ですから，助っ人の"持つ"が登場し，主語はそれに伴い Xabierrek という k 付き主語です．しかし，この本は実は自分が読むためでなく，「シャビエル君はパチ君に本を持って来た」のです．上の文と違うのは「パチ君に」という語が入る点です．

Xabierrek Patxiri liburua ekarri dio.　シャビエルはパチに本を持って来た．
　　　　　　バチリ　　　　　　　　ディオ

　この中で，Patxiri と dio が初めて見るものですね．Patxiri が Patxi に -ri というしっぽが付いたものであり，日本語訳から「パチに」に相当するであろうことは容易に想像できますね．するとこの -ri というしっぽが「に」に当たることがわかります．

　そして，Patxiri「パチに」が文に加わったことにより，du の代わりに，dio というのが使われることになったのです．du という助っ人の代わりに使われているので，dio もまた助っ人の一つです．詳しく言うと，dio は，主語と「〜を」と「〜に」の三つの要素があり，しかもこれらすべてが「私や君以外の単数の人やもの」であるときに馳せ参じる助っ人なのです．「〜を」がある文ですから，主語は k 付き主語が使われます．

　「君，パチ君に本を持って来たの！」はこうなります．

Zuk Patxiri liburua ekarri diozu!
　スク　　　　　　　　　　ディオス

diozu は，主語が zuk「君」で，「～を」と「～に」が「私や君以外の
単数の人やもの」であるときに登場する助っ人です．するとシャビエル
君は「うん，ぼくはパチに本を持って来たよ」と言いました．今度は主
語が「私」です．

Bai, nik Patxiri liburua ekarri diot.
バイ　ニク　　　　　　　　　　　　　ディオと

「～を」と「～に」が「私や君以外の単数の人やもの」で，主語が nik「私」
になると，今度は助っ人が diot になりました．シャビエル君はさらに
「ぼくは君にはこの本を持って来たよ」と言いました．「～を」が liburu
hau「この本」と変わりましたが，「私や君以外の単数のもの」である
点は前の文と同じです．しかし「パチに」が「君に」になっています．

Nik zuri liburu hau ekarri dizut.
スリ　　リブル　アウ　　　　　　ディスと

zuri が「君に」です．このように「～に」が zuri「君に」となった
ため，dizut という助っ人が現れています．さらにシャビエル君は，「ぼ
くは君に本をたくさん持って来たよ」と言います．

Nik zuri liburu asko ekarri dizkizut.
　　　　　　　　アすコ　　　　ディスキスと

また違う助っ人，dizkizut というのが登場しました．上の文と比べる
と，主語と「～に」は同じですが，「～を」が liburu asko「たくさんの本」
という「二つ以上のもの」になっています．そのために助っ人 dizkizut
がやって来たのです．dio, diozu, diot, dizut, dizkizut は，このよ
うに主語と「～を」と「～に」があるときに登場する助っ人というわけ
です．主語だけでなく，「～を」と「～に」が変わることによっても助っ
人が入れ代わり立ち代わりするのがバスク語なのです．

【パチに宝くじが当たった！】

　今日は, シャビエル君から驚くべきニュースが.... パチが loteria「宝くじ」を買ったのだそうです. いや, これはべつに驚くことではありません が, とりあえず復習がてらこれをバスク語で言ってみましょう. 「買う」は erosi と言います.

　　Patxik loteria erosi du.　パチは宝くじを買った.

　loteria「宝くじを」がありますので, 主語は k 付き主語, そして助っ人の "持つ" が登場ですね. 宝くじを買うことは珍しくないのですが, なんと, 「パチに宝くじが当たった」と言うのです！　動詞が「買う」ですと, 「パチは　宝くじを」買った, ですが, 「当たる」の場合は「パチに　宝くじが」当たった, となります. 「当たる」は tokatu と言います.

　　Patxiri loteria tokatu zaio.　パチに宝くじが当たった.

　Patxiri が「パチに」でした. そして, zaio という新しい語が現れています. この zaio も, 動詞の直後にあるので, 助っ人の一種であろうと想像できますね. Patxiri は前のページで見たように「～に」に当たるものですから, この文の主語は k なし主語の loteria「宝くじ」です. そして, この文には「～を」がありません. 前のページで見た, Xabierrek Patxiri liburua ekarri dio.「シャビエルはパチに本を持って来た」には, 主語と「～に」と「～を」の三つがありましたが, 今回の Patxiri loteria tokatu zaio.「パチに宝くじが当たった」には, k なし主語と「～に」だけがあり, 「～を」はありません. zaio は, そのようなときに登場する助っ人の一つなのです. より詳しく言うと zaio は主語も「～に」も「私や君以外の単数の人やもの」であるときに出てくる形です.

　宝くじが当たるなんて大ニュースです．そもそもシャビエル君は，パチ君になにげなく「宝くじ当たったかい？」と尋ねたのだそうです．

Zuri loteria tokatu zaizu?　君に宝くじが当たったの？
　スリ　　　　　　　　サイス

　zuri「君に」は前にも出てきましたね．zaizu というのが新顔ですが，これは位置などからしても助っ人であろうと推測できます．zaizu は，主語が「私や君以外の単数の人やもの」で，「〜に」が zuri「君に」であるときに使われる助っ人なのです．この質問に，パチ君がいともアッサリと「うん，ぼくに宝くじが当たったよ」と答えたのだそうです．

Bai, niri loteria tokatu zait.　はい，私に宝くじが当たりました．
　バイ　ニリ　　　　　　　サイと

　bai「はい」はもうおなじみです．niri「私に」も前に登場済みです．そして，助っ人が zait に変わっています．zait は，主語が「私や君以外の単数の人やもの」で，「〜に」が niri「私に」であるときに出てくる助っ人というわけです．パチ君は，さらに驚くことに，「今までにぼくには宝くじがいくつか当たったよ」と言ったそうです．

Orain arte niri loteria batzuk tokatu zaizkit.
　オライン　アルテ　　　　　　　バツク　　　　　サイスキと

　orain は「今」，arte は「まで」です．loteria batzuk が「宝くじがいくつか」ですね（loteria はもともと a で終わる語です）．batzuk「いくつか」は名詞の後に置かれるのでした．この文では，「〜に」が niri「私に」，そして主語が「私や君以外のもの」で，しかも二つ以上のものです．その場合に現れる助っ人が zaizkit であるというわけです．

今やっているところ

....

　「ふだん／いつもやること」を表すのに，動詞の -t(z)en 形という形を使いましたが，これを利用した便利な表現を見ておきましょう．動詞の -t(z)en 形と，ari という語を組み合わせて，「～している最中だ」という，動作や行為が進行中・継続中であることを表せます．「シャビエルは本を読んでいるところだ」ならこんなふうに言います．

　Xabier liburua irakurtzen ari da.
　シャビエル　　リブルア　　イラクルツェン　アリ ダ

　irakurtzen は irakurri「読む」の -t(z)en 形ですね．主語の Xabier や
　　　　　　　　　イラクリ
「～を」の liburua は比較的自由に動けますが，平叙文では「動詞の -t(z)en 形 + ari + 助っ人の "だ"」の部分が固定されるのがもっとも普通の語順です．ここで，「えっ，liburua という『～を』があるのに助っ人の "だ" を使うの？」と疑問に思われた方もいらっしゃるでしょう．この型の文では，「～を」の有る無しにかかわらず，常に助っ人の "だ" が登場し，それに合わせて k なし主語が使われるのです．もう一つ見ましょう．bazkaldu「昼食をとる」のように -tu とか -du で終わる動詞はとても多いのですが，これらの大部分は，-tu/-du を除いて -tzen を付します．したがって，bazkaldu の -t(z)en 形は bazkaltzen ですね．
　　　　　　　　　　　　　　　　　　　　　　　　　　　バスカルツェン
これを使って，「君はお昼を食べているところですか」と言ってみましょう．

　Zu bazkaltzen ari zara?　君はお昼を食べているところですか？
　ス　　　　　　サラ

　これに対する答えはどうなりますか？

　Bai, ni bazkaltzen ari naiz.　はい，私はお昼を食べているところです．
　バイ　ニ　　　　　　　ナイス

....

コラム

助っ人に頼らないこともある

・・・

　これまで見てきたバスク語の動詞のシステムは，「動詞と助っ人を組み合わせる」というものでしたが，少数の動詞は，このほかに助っ人なしで，自分一人で振る舞う方法も持っています．そのような動詞の数は少なく，現代のバスク語で日常的に使われるものとしては，egon「いる，ある，〜である」，joan「行く」，etorri「来る」，ibili「歩く，暮らす」，jakin「知る」，eraman「持って行く，連れて行く」，ekarri「持って来る，連れて来る」，eduki「持つ」くらいですが，どれもよく使われるものです．ここでは etorri「来る」を例にお話しします．通りを歩いていたら，向こうからシャビエル君がやって来ます．この状況で「見て，シャビエルが来るよ」というとき，次のように言います．

　Begira, Xabier dator.　見て，シャビエルが来るよ．
　　ベギラ　　シャビエル　ダトル

　begira は「見て」です．そして dator というのが，主語が「私や君以外の単数の人」であるときに，動詞 etorri が助っ人に頼らず自分一人で振る舞っている形です．表す意味は，「今まさに来つつある」ということです．つまり，これらの動詞が一人で振る舞うときは「今〜している／今〜である」ということを表すのです．次は egon「いる，ある」の例です．

　Xabier han dago.　シャビエルはあそこにいる．
　　　　アン　ダゴ

　han は「あそこに」，dago は，主語が「私や君以外の単数の人」のとき，egon が助っ人なしで一人で活用した形で，「今いる」ことを表します．

・・・

3 「てにをは」のしくみ

【「は/が」と「を」の不思議】

この章では，バスク語の「てにをは」について見ていきます．まず，これまでも何度も出てきた「は/が」と「を」についてです．この「は/が」は主語を表すものです．これまでの復習ですが，「シャビエルは起きた」と言ってみましょう．

Xabier jaiki da.　シャビエルは起きた.
シャビエル　ハイキ　ダ

「起きる」は jaiki でしたね．「～を」のない文ですから助っ人の"だ"を使いますね．「チョミンは起きた」とも言ってみましょう．

Txomin jaiki da.　チョミンは起きた.
チョミン

次に，「シャビエルはチョミンを見た」と言ってみましょう．「見る」は ikusi と言います．
イクシ

Xabierrek Txomin ikusi du.　シャビエルはチョミンを見た.
シャビエレク　　　　　　　ドゥ

シャビエルという主語のほか，チョミンという「～を」がありますから，助っ人の"持つ"を使いますね．しかもどちらも「私や君以外の単数の人」ですから，助っ人の形は du でした．ほかにどんなことに気付かれましたか？　主語のシャビエルは，「～を」がある文の主語なので，Xabierrek と k 付き主語になっているほか，「～を」の Txomin が，上の Txomin jaiki da.「チョミンは起きた」での，k なし主語の Txomin と同じ形ですね．すなわち，k なし主語になる形は，主語として「～は/～が」を表すと同時に，「～を」を表すのにも使われるのです．これは何も Xabier とか Txomin とか，人名に限ったことではありません．たとえば，「この人は起きた」「あの人は起きた」はこうなります．

Hau jaiki da.　この人は起きた.　　　Hura jaiki da.　あの人は起きた.
アウ　　　　　　　　　　　　　　　　　ウラ

次に,「この人はあの人を見た」と言ってみましょう.

Honek hura ikusi du.　この人はあの人を見た.
オネク

「〜を」のある文ですから,「この人は」が hau でなく, k 付き主語に変わります. hau の k 付き主語は honek です. そして,「あの人を」は k なし主語の「あの人は」と同じ hura になっています. では「私」と「君」ならどうでしょう. まず「私は起きた」「君は起きた」と言ってみます.

Ni jaiki naiz.　私は起きた.　　　Zu jaiki zara.　君は起きた.
ニ　　ナイス　　　　　　　　　　　ス　　サラ

では,「私は君を見た」と言ってみましょう.

Nik zu ikusi zaitut.　私は君を見た.
ニク　　　サイトゥと

これも「〜を」のある文ですから, 主語「私は」は k 付き主語になり,「君を」は上の「起きる」の主語と同じになるわけです. そして動詞 ikusi「見る」の後に zaitut という見慣れないものがあります. これは,「私は君を見た」のように, 主語が「私」,「〜を」が「君」であるときに登場する助っ人なのです.「君は私を見た」なら,

Zuk ni ikusi nauzu.　君は私を見た.
スク　　ナウス

「君は」は k 付き主語である zuk,「私を」は k なし主語と同じ ni が現れ, 助っ人は nauzu となっています. これは, 主語が「君」で,「〜を」が「私」であるときに現れる助っ人なのですね.

【山へ行くよ！】

　今日はとても天気のよい日曜日．シャビエル君はどこかへ行くプランがありそうなので，どこへ行く予定なのか尋ねてみましょう．

　Nora joango zara?　君はどこへ行くの？
　　ノラ　　ホアンゴ　サラ

　joango は動詞 joan「行く」に未来を表すしっぽ -go が付いたもの．
　　　　　　　　　　　　　　ホアン
zara は助っ人の "だ" で，主語が zu「君」のときに登場する形です．
　　　　　　　　　　　　　　　　　　ス
主語は省略です．すると文頭の nora は？　そう，「どこへ」ですね．

　Mendira joango naiz.　ぼくは山へ行くつもりだ．
　　メンディラ　　　　ナイス

　シャビエル君はこう答えました．シャビエル君は山歩きが大好きなのです．joango は冒頭の文にあるのと同じですね．naiz はもうおなじみ，助っ人の "だ" で，主語が「私」のときに使われる形です．すると mendira が「山へ」に当たることがわかります．ではどの部分が「山」でどの部分が「〜へ」でしょう？　答えは mendi が「山」，-ra が「〜
　　　　　　　　　　　　　　　　　　　　　　メンディ
へ」です．ここで，「あれっ，じゃあ単数の印は？」と疑問に思われたとしたら，それはとても鋭い指摘です．-ra は，厳密に言うと単に「〜へ」ではなく，「単数の〜へ」を表しているのです．換言すると，-ra は「〜へ」と「単数であること」を同時に表しているわけです．「複数の山へ」なら mendietara となり，mendi の後ろに -etara というのが付きます．こ
　　メンディエタラ
の部分が「複数の〜へ」を表すというわけです．このようなことは他の「てにをは」にも言えることです．ただ，以下では煩雑さを避けるため，話を単数の場合に絞って進めていきます．

　さて，今度はレイレ（Leire）ちゃんに Nora joango zara?「君はどこへ行くの？」と質問をすると，

Hondartzara joango naiz.　ビーチへ行くつもりよ.
オンダルツァラ

という答えが返ってきました. -ra が「〜へ」ですから,「ビーチ」を表
す部分は hondartza であることがわかりますね. hondartza はもともと
a で終わる語です. レイレちゃんと別れると, シャビエル君が急に家に
オンダルツァ
戻ると言い出しました. 忘れ物でもしたかと思ったら,

Komunera joango naiz.　ぼくはトイレへ行くよ.
コムネラ

ですって. komunera が「トイレへ」ですから,「トイレ」に当たるのは
-ra を除いた *komune かな (* はあり得ない形であることを表す印でし
た), と思えますが, 実は komun です. つまり, -era が「〜へ」に当たる
のですが, これは komun のように子音で終わる語に付くときの形です.
コムン

　ここで,「この山」「そのビーチ」「あのトイレ」をどう言うか思い出
してみましょう. そう, mendi hau, hondartza hori, komun hura でした.
ではこれらに「〜へ」のしっぽを付けるにはどうするかというと...
アウ　　　　　　　オリ　　　　　　　ウラ

mendi honetara　　hondartza horretara　　komun hartara
オネタラ　　　　　　　　オレタラ　　　　　　　　　アルタラ

hau/hori/hura が honetara/horretara/hartara となっていますね. これ
らは1語でそれぞれ「この〜へ／その〜へ／あの〜へ」を表しています.
つまり「この／その／あの」と「〜へ」が1語の中に入っているのです.

　地名は, 母音で終わる Orio「オリオ」へ, なら Oriora, 子音で終わ
る Paris「パリ」へ, なら Parisera となり, 母音で終わる語には -ra,
オリオ　　　　　　　　　　　　　オリオラ
子音で終わる語には -era が付くんですね.
パリ　　　　　　　　パリセラ

　なお, 37 ページの最後にある Goazen aurrera!「前進しましょう！」
の aurrera, これも aurre「前」に「〜へ」を表す -ra が付いたものです.
ゴアセン　　　アウレラ

【山から来たよ！】

　シャビエル君の農家の前庭でくつろいでいると，隣家のチョミンさんが戻ってきました．リュックを背負って，泥だらけの頑丈な靴を履いています．どこへ行って来たのでしょう？　尋ねてみましょう.

　Nondik etorri zara?　君はどこから来たの？
　　ノンディク　　エトリ　サラ

　etorri「来る」にはなんのしっぽも付いていないので「今済んだこと」を表します．zara はもうおなじみ，助っ人の"だ"の，主語が zu「君」のときの形でした．すると文頭の nondik は？　「どこから」に当たりますね．チョミンさんは，こう答えました.

　Menditik etorri naiz.　ぼくは山から来たんだよ.
　メンディティク　　ナイス

　etorri は冒頭の文にあるのと同じ，naiz もご存知のとおり，助っ人の"だ"の，主語が ni「私」のときに使われる形でした．「山」は mendi ですから，-tik が「〜から」に当たることがわかります.
　　　　　　　　　　　　　　　　　　　　メンディ

　では，hondartza「ビーチ」のようにもともと a で終わる語はどうなるでしょう？　これも前のページの「〜へ」から推測してみてください.
　オンダルツァ

　「ビーチへ」のときは「〜へ」を表すしっぽ -ra がそのまま付いて hondartzara でしたね．「〜から」の場合も，さきほどの -tik をそのまま付ければよいのです．すると，hondartzatik となりました.
　オンダルツァラ　　　　　　　　　　　　　　　　　　　　　　オンダルツァティク

　さらに，komun「トイレ」のような子音で終わっている語の場合も，
　　　　　コムン
「〜へ」のときと同じ付き方をします．「トイレへ」なら komun の後には，-ra の前に e を足した -era というのがくっつきましたから，「トイレから」も，-tik の前に e を足した -etik が付いて komunetik となるんじゃないか，と素直に推理して正解です.
　　　　　　　　　　　　　　　　　　　　　コムネティク

では,「この山から」はどうなるでしょう. mendi hau「この山」に対し,「この山へ」は mendi honetara となり, honetara が1語で「この〜へ」
を表していました. そして「山」のほうは辞書形のままでしたね.「この山から」も同じ理屈です. しかも, honetara「この〜へ」をよく見ると, 語末に, mendira「山へ」, hondartzara「ビーチへ」の語末と同様に -ra があります. つまり, honeta- に -ra が付いているように見えます. もしこれに倣うことが可能なら,「この〜から」はどのようになると推測されるでしょう? そう, honeta- に -tik が付くのではないか, と推測できますよね. それが正解で,「この〜から」は honetatik となります. すると,「この山から」は? そうです, mendi honetatik となるわけです. 同様に「その〜から」「あの〜から」はそれぞれ horretatik/hartatik となります.

地名の場合もまた「〜へ」から推測できます. 母音で終わる Orio「オリオ」から, なら? 子音で終わる Paris「パリ」から, なら? もうお気づきではないでしょうか. 前者は -tik をそのまま付けて Oriotik, 後者は -etik を付けて Parisetik なのですね.

さて, ゼロからバスク語のしくみについて見てきましたが, だいぶいろいろなことを学びましたね. おや,「ゼロから」にも「から」が付いているので, これもさっそくバスク語で言えそうですね. こうです.

zerotik ゼロから

「ゼロ」は zero, これに -tik を付けて「ゼロから」と言うわけですね.

【山の方へ，野原まで】

　「〜へ」と「〜から」について見たので，あと二つ，方向を表す表現を見ておきましょう．まず復習を兼ねて「シャビエルは山へ行った」を考えてみましょう．

　Xabier mendira joan da.　シャビエルは山へ行った.
　シャビエル　　メンディラ　ホアン　ダ

　「行った」はもう済んだことですから，joan「行く」には何のしっぽも付きませんね．「〜を」のない文なので助っ人の"だ"を用い，主語が「私や君以外の単数の人」のときに使われる da が登場です．「山へ」は mendira でしたね．これは行き先が「山へ」とはっきりしている場合ですが，「行き先は断定できないけれど，山の方へ行ったよ」という場合もあり得ますよね．そんなときは，次のように言います．

　Xabier mendirantz joan da.　シャビエルは山の方へ行った.
　　　　　メンディランツ

　今度は mendi「山」に -rantz というしっぽが付いています．これが「〜の方へ」に当たることがわかります．では，もともと a で終わる hondartza「ビーチ」ならば？　これも今までの例に倣って推理できます．この場合も -rantz をそのまま付して hondartzarantz「ビーチの方へ」となります．子音で終わる komun「トイレ」なら...そうですね，-rantz の前に -e を足した -erantz というしっぽを付けて，komunerantz「トイレの方へ」となるわけです．ついでに，「どの方向へ」は norantz と言います．地名にも似たようなしっぽが付きます．母音で終わる地名の「Orio の方へ」なら Oriorantz，子音で終わる地名の「Paris の方へ」なら Pariserantz ですね．
　また，「あの山」は mendi hura でしたが,「あの山の方へ」なら,「〜へ」

「〜から」のときと同様に，hura が別の形に変わると予想できますね．
hura は hartarantz となり，mendi hartarantz となります．
　さて，ともかくも，Xabier mendira joan da.「シャビエルは山へ行っ
た」はずなのですが，彼はほどなく戻ってきて，「途中の野原までは行っ
たけど，引き返して来た」と言うのです．この「野原まで」，これはど
う言うのでしょう．

　　Xabier zelairaino joan da.　シャビエルは野原まで行った．

　zelairaino が「野原まで」に当たることは明らかですね．「野原」
は zelai です．したがって，-raino がしっぽであり，これが「〜ま
で」を表すことがわかります．もともと a で終わる語 hondartza にも，
-raino をそのまま付けて hondartzaraino「ビーチまで」，子音で終わる
komun「トイレ」までなら，これまで見てきたしっぽ同様 -raino の前
にひと手間，-e を加えてから，komuneraino とするわけですね．ちな
みに「どこまで」は noraino と言います．
　地名にも似たようなしっぽが付きます．母音で終わる地名の「Orio
まで」なら Oriraino，子音で終わる地名の「Paris の方へ」なら
Pariseraino となります．
　また，mendi hura「あの山」まで，としたい場合は，「〜へ」「〜か
ら」「〜の方へ」の場合と同様に，hura が別の形に変わると予想できま
すね．「あの〜まで」は hartaraino と言います．すなわち，「あの山まで」
は mendi hartaraino となります．
　さて，zerotik「ゼロから」始めた私たちも，honaino「ここまで」辿
り着きましたよ！　さらに，Goazen aurrera!「前進しましょう！」

【山に住んでいます】

　ここでは位置や場所を表す「〜で」「〜に」について見ていきましょう．泥だらけのチョミンさんを見て，お父さんが尋ねました．

　Non ibili zara?　君はどこにいたの？
　　ノン　イビリ　サラ

　ibili は動詞で何のしっぽも付かない形です．この動詞は「(静止した状態でなく) 動いている状態で存在している」ことを表し，日本語に訳しにくい場合が多いのですが，ここでは単に「いる」と訳しておきます．zara は助っ人の"だ"の，主語が zu「君」のときに使う形ですね．文頭の non が「どこで／どこに」を表すというわけですね．チョミンさんは答えました．

　Ni mendian ibili naiz.　私は山にいました．
　　ニ　メンディアン　　イビリ　ナイス

　新顔の mendian，これが「山に」に当たるものであり，mendi に-an というしっぽが付いたものであるということも明らかですね．このしっぽ -an が「〜で／に」を表すわけです．ここでレイレちゃんのことを思い出してみると，彼女はもともと a で終わる語の hondartza「ビーチ」にいましたね．

　Leire hondartzan ibili da.　レイレはビーチにいた．
　　れイレ　　オンダルツァン　　イビリ　ダ

　hondartzan が「ビーチで／に」に当たることはすぐにわかったと思いますが，しっぽの付き方はどうなっていますか？　hondartzan から，もともとの辞書形 hondartza を引くと，-n だけが残りました．つまり，もともと a で終わる語に付くしっぽは -n ということになります．

　komun「トイレ」のような子音で終わる語の場合は，しっぽ -an の
　　コムン

前に -e を加えて -ean として，komunean「トイレで／に」となります．
また，「この山で／に」は，「〜へ」「〜から」のときと同様，「山」は辞
書形で，その後に「この〜で／に」が付きます．「あの」「その」も同様
です．

mendi honetan　　　　hondartza horretan　　komun hartan
オネタン　　　　　　　　　　　　オレタン　　　　　　　　　　アルタン
この山で／に　　　　そのビーチで／に　　　あのトイレで／に

ここで，「君はどこに住んでいますか」という表現を見ましょう．

Non bizi zara?
ビスィ

non は「どこで／どこに」でした．bizi は「住んでいる」を表します．
何のしっぽも付けずに「ふだんのこと」を表す特殊な動詞です．これに
対する答えは，母音で終わる地名 Orio「オリオ」なら，

Ni Orion bizi naiz.　　私はオリオに住んでいます．
オリオン

となります．Orio には -n が付いていますね．子音で終わる Paris「パリ」
なら，Parisen「パリで／に」と，しっぽ -en が付きます．
バリセン
　また，「〜で／に」は場所だけでなく「午前に」「午後に」「月曜日に」「5
時に」など時を表すのにも用いられます．「午前」は goiz，「午後」は
ゴイス
arratsalde，「月曜日」は astelehen と言います．それぞれに「〜で／に」
アラちゃるデ　　　　　アsteレエン
を表すしっぽを付けましょう．どうなると思いますか？

goizean　arratsaldean　astelehenean
ゴイセアン　　アラちゃるデアン　　アすテれエネアン

goiz と astelehen は子音で終わる語ですから -ean，arratsalde は母音
で終わる語なので -an を付けるというわけですね．

コラム

「バスク地方」と「てにをは」のしっぽ

・・

　ここまで見て来た方向や位置に関する「てにをは」ですが，Euskal Herria「バスク地方」に付くときはどうなるでしょうか．

　これは a で終わってはいますが，Herria が「国・町・村・民族」を表す普通の名詞 herri に由来するため，語末の -a は，例の単数の印なのです．そのため，-a を除いた "Herri" が「本体」なので，母音で終わる普通の名詞，たとえばこれまで何度も出てきた mendi「山」と同じような規則でしっぽが付くのです．どうなるでしょうか？

Euskal Herrira	バスク地方へ	（しっぽは -ra でしたね）
Euskal Herritik	バスク地方から	（しっぽは -tik でしたね）
Euskal Herrirantz	バスク地方の方へ	（しっぽは -rantz でしたね）
Euskal Herriraino	バスク地方まで	（しっぽは -raino でしたね）
Euskal Herrian	バスク地方で／に	（しっぽは -an でしたね）

　a で終わる地名で，しっぽを付ける前に a を除かなければならないものはほかにもあります．

　Hondarribia，Azpeitia などは語末の a をとってからしっぽを付けるタイプです．逆に，Donostia，Getaria などの a はもともと付いているもので，この a は決して落ちることはありません．このように a で終わる地名についてはひとつひとつ確認が必要です．

・・

コラム

生き物としっぽ

....

　これまで見た方向や位置を表す五つの「てにをは」のしっぽは，場所を表す語や時を表す語に付くものでしたが，「生き物」にも付き得るものです．たとえば「山から」に対して「母（のところ）から」とか，「山へ」に対して「母のところへ」とか，「山で／に」に対して「母の中で／に」というような場合です．このとき，しっぽの形がちょっと変わります．ama「母」の例を見てみましょう．
アマ

amarengana アマレンガナ	母のところへ
amarengandik アマレンガンディク	母（のところ）から
amarenganantz アマレンガナンツ	母の方へ
amarenganaino アマレンガナイニョ	母のところまで
amarengan アマレンガン	母の中で／に

　ama に対して，-rengana，-rengandik，-renganantz，-renganaino，-rengan という，「山」のときとは違ったしっぽが付いていますね．このように，これらの五つのしっぽに限りその語が生き物を表すものか生き物でないものを表すかによって少しずつ形が違うのです．

　また，生き物と言っても「植物」を表す語には無生物に対するのと同じしっぽが付きます．たとえば lore「花」ですが，母音で終わる語ですから，「花へ」「花から」「花の方へ」「花まで」「花で／に」はこうなりますね．
ロレ

lorera	loretik	lorerantz	loreraino	lorean
ロレラ	ロレティク	ロレランツ	ロレライニョ	ロレアン

....

【「に」の不思議】

少し前に,「パチに宝くじが当たった」という文を見ましたが, ちょっと思い出してみましょう.

Patxiri loteria tokatu zaio.　パチに宝くじが当たった.
パチリ　　ロテリア　トカトゥ　サイオ

Patxi「パチ」に -ri が付いた形 Patxiri が「パチに」を表すので, この -ri が「～に」に当たるわけです. Patxi のように母音で終わる名前には -ri が付きますが, Txomin のように子音で終わる名前では Txomini と, -i だけが付いて「チョミンに」を表します. Xabier のように r で終わる名前だと, Xabierri「シャビエルに」というように r をもう一つ重ねてから -i を付けます. さて, この「～に」ですが, ときどき「～に」と訳せない場合があるのです. たとえば,

Patxiri ardoa gustatzen zaio.　パチはワインが好きだ.
パチリ　　アルドア　グサタツェン

ardoa は ardo「ワイン」に単数の印 -a が付いたもの, gustatzen は gustatu「好きである」の -t(z)en 形で, 全体の意味は「パチはワインが好きだ」となり, Patxiri を「パチに」とは訳しづらくなります. また, 次のような場合もそうです.

Patxiri giltza ahaztu zaio.　パチは鍵を忘れた.
パチリ　　ギルツァ　アアストゥ

giltza は「鍵」, ahaztu は「忘れる」で, この文は「パチは鍵を持ってくるのを忘れた／置いてきてしまった」という意味です. この場合も Patxiri を「パチに」とは訳しにくいですね. 次の文はどうでしょう.

Patxiri besoa puskatu zaio.　パチは腕が折れた／パチの腕が折れた.
パチリ　　ベソア　　プスカトゥ

　besoa は beso「腕」の単数形, puskatu は「壊れる」です. この文を直訳すると「パチに腕が折れた」となりますが, この腕は「パチの身体部分である腕」ですから,「パチに腕が」でなく「パチの腕が」としたくなるところです. その「パチの」はどう言うんでしたっけ?　Patxiに -ren を付けて, Patxiren でした. でも上の文では「パチの」と言いたいところなのに Patxiren ではなく Patxiri が使われているわけです. 実は, その人の身体部分や身に着けているもの, 所有物, 親族（大切な人）などに何かが起こった場合は, その持ち主は「〜の」でなく「〜に」の形で表されることが多いのです. すなわち, 上の文は「パチに, 腕が折れるという事態が起こった」ということを表していると言えるわけです.

　ここで, 前に見た「シャビエルはパチに本を持って来た」という文を振り返ってみましょう.

Xabierrek Patxiri liburua ekarri dio.　シャビエルはパチに本を持って来た.
シャビエレク　　　　　　　リブルア　　エカリ　ディオ

　これは主語,「〜を」,「〜に」の三つの要素がある文です. これと同じタイプの次の文を見てみましょう.

Xabierrek Patxiri liburua erosi dio.
エロシ

　erosi は「買う」です. 文の意味はどうなると思いますか?「シャビエルはパチに本を買っ（てあげ）た」という解釈はもちろん正解です. ところがこの文は「シャビエルはパチから本を買った」という意味にもなるのです. 一つの文がまるで正反対の二つの意味を表すなんて面白いですね. どちらの意味になるかは, 状況次第, 文脈次第, ということになります.

【チョミンといっしょに】

シャビエル君に電話してみると，お兄さんが出てこのように言います．

Xabier Txominekin mendira joan da.
シャビエル　チョミニェキン　メンディラ　ホアンダ
シャビエルはチョミンと一緒に山へ行ったよ．

mendira は，mendi「山」に「～へ」を表すしっぽ -ra が付いたも
のでした．joan は「行く」でなんのしっぽもない形，da は助っ人の
“だ”で主語が「私や君以外の単数の人」の場合の形でした．新しいの
は Txominekin ですが，もう見慣れた名前，Txomin に -ekin というしっ
ぽが付いています．お察しのとおり，このしっぽが「～と一緒に」を表
すわけですね．

「君はどこかへ行くのか」と尋ねられたので，「私はビーチへ行く予定
だ」と言うと，次のように尋ねられました．

Norekin joango zara?　君はだれと行くの？
ノレキン　ホアンゴ　サラ

joango は，joan「行く」に未来を表すしっぽ -go が付いたもの，
zara は助っ人の“だ”で主語が zu「君」のときに使う形でしたね．残っ
た norekin が「だれと一緒に」を表すというわけです．私は答えました．

Leirerekin joango naiz.　私はレイレと一緒に行くつもりです．
れイレレキン　ナイス

joango は上の文にあるのと同じ，naiz は助っ人の“だ”で主語が ni
「私」のときに使う形．Leirerekin を見ると，Leire に「～と一緒に」
を表すしっぽが付いているのがわかりますが，-rekin という形です
ね．さきほどの Txomin に付いたしっぽは -ekin でしたよね．つまり，
Leire のように母音で終わる名前には -rekin，Txomin のように子音で

終わる名前には -ekin が付くわけです. Xabier のように r で終わる名前の場合の法則は何度か出てきましたが..., そうです, r を二つにし, Xabierrekin とするのでしたね.

　私は Leirerekin「レイレと」ビーチへ行くため待ち合わせをしました. 彼女は買ったばかりの新しい T シャツを着て, おやつだとかバスタオルだとかが入っているバッグのほかに, 本を 1 冊抱えています.

　　Liburuarekin etorri zara.　君は本を持って来たんだね.
　　リブルアレキン　　　　エトリ

　etorri は「来る」, zara はさきほども出てきた助っ人の "だ" です. liburuarekin がどんなつくりの語なのか見てみましょう.

　liburu「本」＋しっぽ -arekin と分けられると推測できますね. するとこれは Txominekin「チョミンと一緒に」, Leirerekin「レイレと一緒に」と同様,「本と一緒に」ということになりますが, 要するに,「本を携行している状態で」ということを表すわけです.

　さて, 彼女の新しい T シャツ, よく見ると, 首の後ろのところから何かぶら下がっています. どうやら, etiketa「商品タグ, 値札」をはずすのを忘れたようです. 私は思わず言ってしまいました.

　　Etiketarekin etorri zara!　君は値札を付けたまま来ちゃったんだね！
　　エティケタレキン

　etorri zara は上の文にあるのと同じです. etiketarekin は, etiketa ＋ -rekin という構成であることがわかります. liburu と違うのは, etiketa はもともと a で終わる語なので, しっぽが -rekin となっている点です. この場合も, 直訳すると「値札と一緒に」となりますが, 要するに「値札を付けた状態で」ということを表すわけです.

【バスク語で】

これからビーチへ向かいますが，日差しが強いのでどうも歩く気がしません．autobus「バス」に乗りたい気分です．レイレちゃんに提案しましょう．
アウトブス

Goazen autobusez.　バスで行こうよ.
ゴアセン　　　アウトブセス

goazen は見覚えありますね？　これまでときどき使ってきましたが「行こう」の意ですね．autobusez が「バスで」を表していることは明らかですが，これはどういう構成でしょう？　そう，autobus に -ez というしっぽが付いている形です．このしっぽが「〜で」に当たるというわけです．しかし，autobusez「バスで」行くという提案は，元気なレイレちゃんには次のように却下されてしまいました．

Ez. Goazen oinez!　いいえ. 歩いて行きましょう!
エス　　　　　オイニェス

文頭の ez は久しぶりですが「いいえ」でしたね．goazen は上の文にも出ています．すると oinez が「歩いて」に当たるようですが，これも上の autobusez と同じく，-ez で終わっているので，どうも oin + ez と分けられそうです．でも oin とは？　これは「足」のことなので，oinez は直訳すると「足で」ですが，「歩いて」を表します．
オイン

しかたなく歩くことにします．途中に運動場があり，少年たちが小さなボールで遊んでいます．みんな esku「手」でボールを打っています．「手で」をバスク語で言うとすると，どうなると推測されますか？　上のautobus「バス」，oin「足」に付くしっぽは -ez でしたが，これらは子音で終わる語ですね．esku は母音で終わる語なので，-z だけを付けて，eskuz と言います．このように，名詞に -ez や -z というしっぽを付け
エスクス

て「〜で」という手段や方法を表します．

　ビーチに着くと，jende「人々」で混雑しています．レイレちゃんが
思わず言いました．

　Jendez gainezka!　人でいっぱい！
　ヘンデス　　ガイニェスカ

　gainezka とは，「あふれて」いる様子を表す語で，動詞ではありませ
ん．jendez を見ますと，jende が「人々」ですから，やはり「〜で」を
表す -z が付いていることがわかります．この「〜で」は手段・道具と
いう感じではなく，しいて言えば，材料・素材という感じでしょうか．

　ふと空を見上げると，虹がかかっているではありませんか．「虹」っ
て euskara「バスク語」で何と言うのでしょうか．レイレちゃんに虹を
　　　エウスカラ
指さして尋ねてみましょう．

　Nola esaten da euskaraz?　（あれは）バスク語で何て言うの？
　ノラ　エステン　ダ　エウスカラス

　nola は「どのように」，esaten は動詞 esan「言う」の -t(z)en 形（ふ
　　　　　　　　　　　　　　　　　　　　　エサン
だんのこと，いつものことを言う形で，esan の n がとれて -ten が付
いています），da は助っ人の "だ" ですね．この部分が「言う，言っ
ている」の意です．文末の euskaraz は，euskara が「バスク語」です
から，これに -z「〜で」が付いたものであるとわかります．このよう
に，言語の名称にしっぽ -z を付けると，「〜語で」を表すわけです．「日
本語で」でしたら，日本語は japoniera ですから，これに -z を足して
japonieraz となるわけです．
　　　ハポニエラ
ハポニエラス
　さて，「虹」ですが，Erromako zubia と言います．Erroma は「ロー
　　　　　　　　　　エロマコ　スビア　　　　エロマ
マ」，-ko は「〜の」，zubia は zubi「橋」に単数形の印が付いたものです．
　　　　　　　　スビ
つまり，なぜか「ローマの橋」と言うのですね．

【ある特定の本，ともかく本】

さて，「てにをは」も終わりに近づきました．

まず復習ですが，「君は本を持って来ましたか」はどう言うのでしょうか？　ちょっと考えてみましょう．こんなふうに言うのでしたね（主語は省略してしまいましょう）．

Liburua ekarri duzu?　君は本を持って来ましたか？
りブルア　　エカリ　　ドゥス

「持って来る」は ekarri，「～を」のある文なので助っ人の "持つ" のひとつ duzu が登場しています．

実は，これと大変よく似た次のような疑問文もあるのです．

Libururik ekarri duzu?　君は本を持って来ましたか？
りブルリク

この二つの疑問文を比べると，ekarri duzu「君は持って来た」の部分は同じですが，liburu「本」の形が違っているのがわかります．最初の文では liburua という，見慣れた -a の付いた形ですが，2 番目の文では libururik という見慣れない形になっていますね．「本」が liburu ですから，これは liburu に -rik というしっぽが付いたものだとわかります．日本語に訳すと両者の間に違いは出ないのですが，意味の違いは確かにあります．それは，最初の文での liburua は，「ある特定の本」を意味するのです．それに対し，2 番目の文での libururik は，どんな本か，どの本かは問題にしておらず，「ともかく本というものを 1 冊でも」ということを表しているのです．言い換えると，libururik は「ともかく本／なんか本」と言ったところでしょうか．

このようなことは，疑問文だけでなく否定文でも起こります．こんな具合です．

Nik ez dut liburua ekarri.　　私は本を持って来ていない.
　ニク　エス　ドゥと
Nik ez dut libururik ekarri.　私は本を持って来ていない.

　ez が「〜ない」を表す語でしたね. この二つの文の意味の違いも,
さきほどの疑問文の場合とほぼ同じです. すなわち, 前者の liburua の
方は「何か特定の本」を持って来なかった, という含みがあり, 後者の
libururik の方は「本というものはともかく 1 冊も」持って来なかった,
ということを意味しています.

　ここまで, 文の中の「〜を」を表す語が -a が付くものだったり -rik
が付くものだったりする例を見ましたが, 実は「主語」にも同じことが
起こり得ます. こんな具合です.

Neska etorri da?　　　女の子は来た?
　ネすカ　　エト<u>リ</u>　ダ
Neskarik etorri da?　女の子は来た?
　ネすカリク

　neska は「女子, 若い女性」という意味のもともと a で終わる語で,
これらの文では主語です. 前者では neska という単数形, 後者ではしっ
ぽ -rik が付いた形です. この場合の意味の違いも, 前の「本」(liburua
と libururik) のときと同じで, 前者の文では「ある特定の女の子」の
ことを言っており, 後者の文では「だれでもいいからともかくも女の子
が一人でも」来たか, ということを言っているというわけです.

【月曜日まで】

　前に mendiraino「山まで」のような「～まで」を表すしっぽについて見ました．mendiraino の -raino が「～まで」でしたが，これはおもに場所に関する「～まで」で，「5時まで」とか「明日まで」などの時間的な「まで」を表すには，別の言い方をします．astelehen「月曜日」を例にとりましょう（以下，主語は省略でいきましょう）．

　Astelehenera arte egongo naiz hemen.　私は月曜日までここにいるよ.

　egongo は動詞 egon「いる」に未来を表すしっぽ -go が付いた形，naiz は，主語が ni「私」の場合の助っ人の“だ”，hemen は「ここに」です．astelehenera は，astelehen「月曜日」に「～へ」を表すしっぽ-era（母音で終わる語なら -ra でした）が付いた形です．これと arte「まで」を組み合わせて「月曜日まで」を表すのです．

　この arte はしっぽではないので，前の語と分けて書きます．arte の前の語には，しっぽ -era /-ra が付かない場合もあります．たとえば，bihar arte「明日まで」では，bihar「明日」にしっぽを付けません．
　次に，「私は月曜日までにそれをやるよ」という例を見てみましょう．

　Hori astelehenerako egingo dut.　私は月曜日までにそれをやるよ.

　hori は「それを」，egingo は動詞 egin「やる」＋未来を表すしっぽの -go，dut は主語が nik「私は」で「～を」が単数のものの場合の助っ人ですね．astelehenerako「月曜日までに」は astelehen に「～までに」を表す -erako が付いた形です．これは母音で終わる語に付くときは -rako となります．「月曜日までここにいる」のように「ある時までずっと何かを継続する」場合の「まで」は「名詞に -era/-ra を付けたも

の + arte」，「月曜日までに行う・終える・提出する」などのようにいわば期限を表す場合は「名詞 + -erako/-rako」を使うわけです．

astelehenera arte のような，しっぽと他の要素との組み合わせによるしくみは他にもあります．いくつか見てみましょう．

Xabierren bila joango naiz.　私はシャビエルを迎えに行く．
シャビエ<u>レン</u>　　ビリャ　ホアンゴ

joango naiz は「私は行くつもりです」でしたね．Xabierren は，Xabier に「〜の」を表すしっぽが付いたもので「シャビエルの」，bila
シャビエル
は「〜を求めて，迎えに」を表す語です．この組み合わせで，「シャビエルを迎えに」という意味になります．次はどうでしょう．

Xabierren ordez joango naiz.　私はシャビエルの代わりに行く．
オルデス

Xabierren, joango naiz は前の例と同じです．ordez が「〜の代わりに」ですね．Xabierren の部分には，シャビエルに限らず「誰それの／何々の」が入ります．「君の代わりに」ですと，Xabierren のところに zure
スレ
「君の」を入れて，zure ordez とします．もう一つ見ておきましょう．

Euskarari buruz idatzi dut.　私はバスク語について書きました．
エウスカラリ　　ブルス　イダツィ

idatzi は「書く」，dut は助っ人の“持つ”で，idatzi dut は「私は書きました」です．euskarari は euskara「バスク語」に，「〜に」を表す
エウスカラ
しっぽ -ri が付いたものです．buruz は「〜について」を表す語です．euskarari buruz で「バスク語について」という意味です．この場合も，euskarari の位置には必ず「〜に」の形の語が入るきまりで，たとえばzuri「君に」を入れて zuri buruz とすると「君について」となる，という
スリ
うわけです．

コラム

二つの「〜のために」

....

　バスク語には，「〜のために」と訳したくなるしっぽが二つあります．一つずつ見ていきましょう．

　Hau Leirerentzat erosi dut.　（私は）これ，レイレのために買ったんだ．
　　アウ　　れいレレンツァと　　　エロし　ドゥっと

　hau は久しぶりですが「これを」，erosi は「買う」，dut は助っ人の"持つ"で，erosi dut は「私は買った」です．Leirerentzat が新出ですが，これから Leire を引くと，-rentzat というしっぽが取り出されます．これが「〜のために」を表すというわけです．意味は，日本語の訳のとおり，「レイレにあげるために」「レイレが使うために」ということです．これに対し，次のように言ったとします．

　Hau Leirerengatik erosi dut.　これ，レイレのために買ったんだ．
　　　　れいレレンガティク

　Leirerengatik 以外は上の文と同じで，しかも同じように訳すことが可能です．この Leirerengatik から Leire を除くと，-rengatik というしっぽが現れます．この部分が日本語訳の「〜ために」に当たることは明らかですね．同じように「〜のために」と訳せるさきほどの Leirerentzat と違うのは，Leirerengatik には，「レイレが買うように言ったから」とか「レイレに頼まれたから」という含みがあるのです．しかも，その買ったものがレイレにあげるためのものとは限りません．たとえばレイレが本のセールスをしていて，売り上げノルマ達成のために「1 冊買って！」などと頼んで来たので買った，というような場合です．このような違いがあるため，しっぽ -rengatik は，ときには「〜のせいで」などと訳すことも可能です．

....

便利な「〜の」

....

　「区別のしくみ」のところで，-ko /-eko というしっぽを付けて「〜の」を表す場合について見ました．たとえば，Orio という地名に -ko を付けて Orioko とすると「オリオの」となるのでしたね．このしっぽ -ko/-eko は，実は，他のしっぽの後ろにさらに付けることができるという便利なものです．

　まず，「山へ」を思い出してみましょう．mendi「山」に -ra というしっぽを付けて mendira と言いましたね．これにさらに -ko を付けて mendirako とすると，「山への」という意味を表すことができるのです．「山まで」「山の方へ」も思い出してみましょう．それぞれ mendi に -raino, -rantz というしっぽを付けて，mendiraino, mendirantz と言いましたね．これらにも -ko を付けて，mendirainoko とすれば「山までの」，mendirantz の場合は後ろから 2 番目の t を除いてから -ko を付けて mendiranzko とすれば「山の方への」という意味の語ができます．

　もう一つ，「バスク語で」はどう言うのでしたっけ？　euskara「バスク語」に -z というしっぽを付けて euskaraz と言うのでしたね．これにも -ko を付けてみましょう．すると euskarazko となり，「バスク語での」という意味になるのです．そしてこれらは「〜の」で終わる語になったわけですから，後ろに名詞を置くことができますね．

　最初の三つの語には bidea「道（単数形）」を，最後のものには liburua「本（単数形）」を付けてみましょう．

　mendirako bidea「山への道」，mendirainoko bidea「山までの道」，mendiranzko bidea「山の方への道」，euskarazko liburua「バスク語での本（バスク語で書かれた本）」という語句ができるというわけです．

....

4 数のしくみ

【0 から 9】

バスク語の数字を見ていきましょう. まずは 1 から 9 までです.

1	bat バと	2	bi ビ	3	hiru イル	4	lau らウ	5	bost ぼすと

6	sei セイ	7	zazpi サスピ	8	zortzi ソ<u>ル</u>ツィ	9	bederatzi ベデラツィ

1 の bat と 5 の bost の語末の t はそれほど強くなく, また後ろに母音のウやオが入らないように注意してくださいね. また bat は「バッと」と小さい「ッ」ができるだけ入らないようにお願いします. 3 の hiru の ru は日本語の「ラリルレロ」の「ル」のようにはっきり発音してください.

とりあえず, 一けたの数字ばかりですから, ここで数詞と他の名詞の関係についてお話ししておきましょう. まず,「1 冊の本」「2 冊の本」「3 冊の本」...などと言う場合, 次のようになります.

liburu bat リブル	bi liburu	hiru liburu
1 冊の本	2 冊の本	3 冊の本

ご覧のように, bat「1」だけが名詞の後に置かれ, 他のものは名詞の前に置かれます. ただし, 2 だけはどちらに置いてもよいことになっています. また, 2 以上の数字が名詞に付く場合も, 特別な場合を除き, 名詞は辞書形となり, 複数形にはなりません.

さて, ここで, 足し算・引き算・掛け算・割り算をしてみましょうか. まずは足し算からです. 2 + 3 = 5. これをバスク語で言ってみましょう.

Bi gehi hiru berdin bost.
　　ゲイ　　　　ベル<u>ディ</u>ン

　gehi というのが「足す」，berdin というのが「は（イコール）」に当たるのがわかりますね．「足し算」のことは gehiketa と言います．
　次は引き算です．5 − 3 = 2．これをバスク語で言ってみましょう．

Bost ken hiru berdin bi.
　　　ケン

　ken というのが「引く」，「は（イコール）」は足し算のときと同様，berdin ですね．ちなみに「引き算」のことは，kenketa と言います．
　次に掛け算です．3 × 3 = 9．これをバスク語では，
　　　　　　　　　　　　　　　　　　　　　　ケンケタ

Hiru bider hiru berdin bederatzi.
　　　ビデル

　bider というのが「掛ける」に当たることがわかりますね．「掛け算」は biderketa と言います．
　　　　ビデルケタ
　最後に割り算です．8 ÷ 2 = 4．これをバスク語で言うと，

Zortzi zati bi berdin lau.
　　　サティ

　zati というのが「割る」に当たるのは，もはや一目瞭然ですね．「割り算」は zatiketa と言います．
　　サティケタ
　ところで，0 ですが，これは国際的・普遍的な zero と，よりバスク語的な huts と，二つの言い方があります．サッカーの試合などで，「1対 0」などと言う場合，テレビなどでは bat eta huts と言うことが多いようです．「対」は eta「〜と〜」で表すのですね．

【何時ですか】

数字を bederatzi「9」まで見ましたので，時刻を尋ねてみましょう．「今，何時ですか」はこんなふうに言います．

Zer ordu da?
セル オルドゥ ダ

zer は「何」でした．ordu は「時間」で，zer の後ろにあるために辞書形です．da は例の「〜だ」です．文頭の zer の発音は本来［セ<u>ル</u>］ですが，この場合は r は発音されずに［セ］のようになることが多いようです．また，「今」に当たる語は普通は付けません．ではまず，「1 時です」と答えてみましょう．

Ordu bata da. 1 時です.
バタ

ordu は質問の文にも出てきたものですね．bata は bat「1」に例の単数の印 -a が付いたもの，da は「〜だ」ですね．「2 時です」なら，

Ordu biak dira. 2 時です.
ビアク ディラ

となります．ordu はさっきと同じです．biak の -ak は複数の印 -ak です．そして，dira は初登場ですが，「私たちや君たち以外の複数のものや人が主語のとき」に使われる「〜だ，〜です」の形なのです．では，「3時です」「4 時です」はどうなるかというと．

Hirurak dira. 3 時です. Laurak dira. 4 時です.
イルラク らウラク

hiru「3」にも lau「4」にも -rak というのが付いていますが，これは複数の印である -ak の特別バージョンで，この場合のみ使われるものです．dira は「2 時です」に出てきたのと同じものです．ここで，気付か

れたと思いますが,「3時です」「4時です」には ordu というのが付いていませんね. この ordu は「1時」と「2時」の時だけ必要で, それ以外は付けないのです.「5時です」と「6時です」を見てみましょう.

Bostak dira. 5時です.　　**Seiak dira.** 6時です.
ボスタク　　　　　　　　　　　セイアク

bost「5」と sei「6」には -ak が付いていますが, これはおなじみの
ボスト　　　　セイ
複数の印 -ak です. dira は「2時です」以下に見られるのと同じですね. この後もこの調子で, 時刻を表すことができます. すなわち,「7時」なら zazpi「7」に複数の印 -ak を付けて zazpiak,「8時」なら同様に
　　　　　サスピ
zortziak,「9時」なら bederatziak というわけです. さて, 9までの数
ソルツィアク　　　　　ベデラツィアク
字を使ってしまいましたが, 時刻は少なくとも12時まで言えないと困ります. 10から12は次のように言います.

10 **hamar**　　11 **hamaika**　　12 **hamabi**
　　アマ<u>ル</u>　　　　　アマイカ　　　　　　アマビ

10時, 11時, 12時も, それぞれに複数の印を付けますが,「10時」だけはちょっと気をつけて！　というのは, hamar「10」は r で終わる語ですから, 複数の印を付けるときは例のひと手間が必要です. そう, r を重ねるのでしたね.「11時」は hamaika「11」がもともと a で終わる語ですから, 複数の印は -ak でなく, -k だけでよいのでしたよね.「12時」は hamabi「12」に複数の印 -ak を付けます. すなわち,

Hamarrak dira. 10時です.
アマ<u>ラ</u>ク
Hamaikak dira. 11時です.
アマイカク
Hamabiak dira. 12時です.
アマビアク

と言うわけです.

【何歳ですか】

12 までを見ましたが, これだけでは時刻を言うには足りませんし, ほかにもいろいろ不便です. そこで, 13 から 24 まで挙げましょう.

13 hamahiru アマイル	14 hamalau アマらウ	15 hamabost アマぼすと	16 hamasei アマせイ
17 hamazazpi アマサスピ	18 hemezortzi エメソ<u>ル</u>ツィ	19 hemeretzi エメレツィ	20 hogei オゲイ
21 hogeita bat オゲイタ　バと	22 hogeita bi オゲイタ　ビ	23 hogeita hiru オゲイタ　イル	24 hogeita lau オゲイタ　らウ

13 から 17 まではいずれも hama- で始まりますね. hamaika「11」と hamabi「12」もそうでした. この hama- の部分, 実は hamar「10」に由来します. そして, hamahiru「13」から hamazazpi「17」までの hama- の後ろは, hiru「3」, lau「4」…などとなっているのがわかります. そう, hamahiru「13」は「10・3」のような構成になっているわけです. 18 と 19 は, hama- でなく heme- で始まっていますが, heme- は hama- の変種で, 意味は同じです. 20 は特別な形で hogei, 21 以上の hogeita の -ta は, eta「〜と〜」のことです. 21 以上は分かち書きをしますが, 発音の際は 1 語のごとく, 一気に言います.

さて, 数字を使うものには年齢もありますから,「何歳ですか」と尋ねる表現を見てみましょう.

Zenbat urte dituzu?　君は何歳ですか？
センバと　　ウルテ　ディトゥス

zenbat は「いくつ, いくら」を表し, 名詞の前に置かれます. urte は「年」で, 前に zenbat があるために辞書形です. dituzu は「持っている」の主語が「君」,「〜を」が二つ以上のもののときに使われる形でした. 直訳すると「君はいくつの年を持っているのか」です. zenbat urte「何歳」

の部分が複数とは決まっていませんが，動詞は「～を」が複数のときに使われる形になるのが普通です．答え方は，20 歳ならば，

　　Hogei urte ditut.　（私は）20 歳です.
　　　　　　ディトゥと

のように urte の前に数詞を付けて答えます．動詞はもちろん，主語が「私」,「～を」が二つ以上のもののときに使われる形である ditut ですね．直訳ですと「私は 20 の年を持っている」ということです．ここで，30 ～ 90 までの数字のうち，紙幅の関係から，キリのよいところを紹介しておきましょう.

30　hogeita hamar　40　berrogei　　　　　50　berrogeita hamar
　　オゲイタ　　アマル　　　　ベロゲイ　　　　　　　　　ベロゲイタ　　アマル

60　hirurogei　　　70　hirurogeita hamar　80　laurogei
　　イルロゲイ　　　　　イルロゲイタ　　アマル　　　らウロゲイ

90　laurogeita hamar
　　らウロゲイタ　　アマル

　hogeita hamar「30」を見て，「おっ」と思われたのではないでしょうか．hogeita「20 と」+ hamar「10」という構成になっていますよね．40 は berrogei ですが，ここには実は hogei「20」が隠れています．これは ber + hogei が語源で，ber- には「再び，繰り返し」の意味があるのです．すなわち，berrogei は「20 を 2 回」のような意味なんですね．50 は berrogeita hamar ですが，これは berrogei「40」+ -ta「と」+ hamar「10」という構成ですね．60 は hirurogei ですが，ここにも hogei「20」が隠れていて，hiru「3」+ hogei が語源です．「hogei が三つ」で 60 というわけです．以下，70 は「60 と 10」，80 の laurogei は lau「4」+ hogei が語源ですし，90 は「80 と 10」という構成です．20 進法を基本としているんですね.

コラム
値段の尋ね方

....

　バスク語で値段を尋ねるとき，もし店頭なら，そのものを指差してこんなふうに言えばじゅうぶんです．

Zenbat da hau?　これ，いくらですか？
センバと　ダ　アウ

　zenbat の語末の t と，da が繋がって［センバダ］のような発音になります．zenbat は「いくら，いくつ」です．hau「これ」は省略できます．通貨単位は，フランス領バスクにせよ，スペイン領バスクにせよ，EU 加盟国の一部ですから euro「ユーロ」です．その下の「セント」は，
エウロ
zentimo と言います．値段を答えるときは，次のように言います．
センティモ

Euro bat.　1 ユーロ.　　　　　**Hiru euro.**　3 ユーロ.
バと　　　　　　　　　　　　　　　　　イル

　1 ユーロと 3 ユーロで数詞の位置が違っていますが，euro は名詞ですから，bat「1」は名詞の後に置かれ，その他の数詞は名詞の前，という規則がここでも働くわけです．また，数詞が付いた名詞は普通，辞書形になります．また，「42 ユーロ 55 セント」なら，こうなります．

Berrogeita bi euro eta berrogeita hamabost zentimo.
ベロゲイタ　ビ　エタ　ベロゲイタ　アマボすと

　42 は，berrogei「40」+ -ta「と」+ bi「2」という構成ですね．55 は，
ベロゲイ
berrogei「40」+ -ta「と」+ hamabost「15」という構成です．このように，20，40，80 に端数が付く場合は，それぞれに -ta を付けてから一けたの数詞を言えばよいのですが，30，50，70，90 に端数が付く場合は，それぞれに -ta を付けてから 11 から 19 の数詞を言うことになります．

....

コラム

ワイン1本，水1杯

....

　日本語では，瓶なら「〜本」，本なら「〜冊」，車なら「〜台」というように，数えるときに決まった言葉を使いますが，バスク語にはそのようなものはありません．でも，似たようなものは一部見られます．代表的な例をいくつか見ましょう．

　botila bat ardo　ワイン1本　　　hiru botila ardo　ワイン3本
　ボティリャ　バト　アルド　　　　　　　　　　　イル

　botila は「瓶」，ardo は「ワイン」です．数詞を名詞に付ける時の約束事に則り，bat「1」は名詞 botila「瓶」の後，hiru「3」はその前に置かれています．それぞれ「1瓶」「3瓶」を表しています．その後ろに，「瓶の中身」である ardo「ワイン」が辞書形で置かれています．もう一つ．

　baso bat ur　水1杯　　　hiru baso ur　水3杯
　バソ　　　ウル

　baso は「コップ」，ur は「水」です．ここでも，前のワインの例と同じことが言えます．baso bat が「1杯」，hiru baso が「3杯」を表していますね．ur は「水」の辞書形です．

　もう一つ，変わった例を挙げましょう．

　baso erdi bat
　　　　エルディ

　erdi は「半分」という意味です．bat は「1」ですから，直訳すると「コップ半分一つ」．これでは何のことだかわかりませんが，実はこれで「ワイン1杯」の意味として通じるのです．erdi のために「軽く1杯」のような響きもあります．なかなか粋な表現ではありませんか？

....

5 実際のしくみ

【看板のしくみ】

バスクの町なかにあるさまざまな表示を見てみましょう.

右ページの上の写真は，ある町で見かけたお店のショーウィンドーです. 可愛らしい書体で Jostundegia と見えますね. jostun は「仕立て屋さん」です. -degi は「〜のところ」を表す「しっぽ」で, -a はいつもの単数の印です. すなわち, jostundegia は「仕立て屋さんのところ」, 衣類を仕立ててくれるお店, というわけです. Jostundegia の下に見えるイラストは, titare（ditare とも）「指ぬき」です. フクロウの柄がかわいいですね.

下の写真はとある町のカフェテリアの看板です. 上に OKINDEGIA と見えますが, これは「パン店」を意味します. okin は「パン職人」, -degia は上の仕立て屋さんの看板に出てきたものと同じです. すなわち okindegia は「パン屋さんのところ」ということなんですね. 真ん中の TRENBIDE（最初の T が見えにくくなっていますが）が店の名前です. trenbide は tren「電車」+bide「道」で, 「線路」を意味します. このように一般名詞を店の名前として使うときは, 単数の印である -a を付けないことが多いようです. その下には KAFETEGIA「カフェテリア」と見えます. kafe はもうおなじみ, 「コーヒー」ですね. -tegi は jostundegi や okindegi に付いているしっぽの -degi の変種で, 意味は同じく「〜のところ」です. このお店はパン屋でもあり, カフェテリアでもあるんですね. 古い線路に沿った街路にあるので, それに因んで Trenbide と命名されたようです.

【標識のしくみ】

これは，町の中の施設や通りの方向を示す標識です.

　いちばん上に見える aparkalekua は「駐車場」を意味しますが，aparka-「駐車する」+ leku「場所」+ 単数の印 -a という作りの語です. その前にある Ｐ は parking の P ですから，この目印はインターナショナルですね. その下に azoka plaza とありますが，azoka は「市場」，plaza は「広場」で，「市が立つ広場」ということです. この町では毎週火曜日の午前中，近隣の農家の人たちや遠くから来る行商人たちによる市が立ちます. 3 番目には Trenaren museoa「電車の博物館」とあります. tren は「電車」，-aren は「〜の」，museo は「博物館」，-a はおなじみの単数の印ですね. いちばん下の Enparan dorretxea の

Enparan は固有名詞，dorretxea は dorretxe「塔のある家」＋単数の印
-a という形です．これはかつてこの地方の豪族であったエンパラン家
の家とされるもので，中世に建てられ，その後改築を重ねてきた歴史的
建造物で，現在は図書館として使用されています．道しるべに「図書館」
と示さずに「エンパラン家の塔の家」と示しているのが面白いですね．

　上の標識は，スペイン語とバスク語が併記されているものです．上
の BI ALDETAN はバスク語で，「両側で」の意です．bi は数詞の
「2」，alde は「側」，-tan は「〜で／に」です．そのすぐ下の AMBOS
LADOS はスペイン語で「両側」の意です．いちばん下の KONTUZ
GRUA「クレーンに気をつけよ」は再びバスク語で，kontuz は「気を
つけて！」，grua が「クレーン」ですが，これはスペイン語から来た外
来語です．

【標語のしくみ】

これは Aduna という村の入り口に立っている標識です.
　　　　　アドゥナ

　ADUNAn Euskaraz bizi gara と見えますね. ADUNA は地名です.
　　アドゥナン　　エウすカラス　　ビスィ　ガラ
目立たせる意図から地名だけ全部大文字になっています. -n が付いて
いるので,「アドゥナで／に」の意です. euskaraz は「バスク語で」で
したね (euskara「バスク語」+ -z「〜で」). bizi gara は,「私たちは
　　　　　エウすカラ
暮らしている」の意です. すなわち,「アドゥナで私たちはバスク語を使っ
て暮らしています」という意味です.

　もうひとつは, 同じ村のレストランの中で見つけたものです. 右ペー
ジの写真です.

　真ん中に大きく bai とありますが, これは「はい」という意味でした
　　　　　　　　バイ
ね. 上に弓なりに, Bai Euskarari Ziurtagiria とあります. euskarari
　　　　　　　　　　　　エウすカラリ　　スィウルタギリア

は euskara「バスク語」に -ri「〜に」が付いた形で「バスク語に」,
ziurtagiria は ziurtagiri「保証書」に単数の印 -a が付いた形です. 直訳
すると「そう, バスク語に保証を」とでも訳せましょうか.

　下には, Guk zerbitzua euskaraz とあります. 一部, 光の反射で見
えづらくなっていますが. guk は「私たち」の k 付き主語で「私たち
は」, zerbitzua は zerbitzu「サービス, 給仕」に単数の印 -a が付いた形,
euskaraz は上にも出てきた「バスク語で」ですね. レストランの中で
すから「私たちはバスク語で給仕します」というくらいの意味です. つ
まり, 全体として,「どこでもバスク語で生活できることが保証された
社会を目指そう」という考えを表していると言えます. バスク語を消滅
の危機から守ろうとする運動はそこここにありますが, これもその一環
と言えるでしょう.

【タイトルのしくみ】

バスク語で書かれている本の表紙をちょっと覗いてみましょう.

　これは, 67 ページに出てきたバスクの作家, Lertxundi の作品
です. 上に ANJEL LERTXUNDI とありますが ANJEL が名前,
LERTXUNDI が名字です. 右端に縦に NOBELA「小説」とあります.
中央の otto pette がタイトルです. otto は「(親族の)おじさん」のことで,
フランス領バスクで使われる語です. pette は男性の名前で, 普通は頭
文字を大文字で書きます. すなわちタイトルは『Pette おじさん』. タ
イトルの下, 馬に乗った騎士らしいイラストの下に HILEAN BIZIAN
BEZALA「死においても生におけるように」(hil が「死」, -ean が「〜
で／に」, bizi が「生」, -an が「〜で／に」, bezala が「〜のように」)
とあるのが, サブタイトルです. いちばん下の ALBERDANIA という
ロゴは出版社の名前です. 1994 年, 作家が 46 歳のときに書かれた 440
ページにおよぶ長編で, 数か国語に翻訳され, 彼の代表作となりました.

　もう1冊，ご紹介しましょう．これはバスク語にフォーカスしつつ
バスク人の歴史を語っている本で，2006年に出版されました．先史時
代から現代まで，バスク語がいかに生き抜いて来たかを豊富な図版とと
もに解説している力作です．Euskara Jendea がタイトルです．euskara
は「バスク語」，jende は「人々」，-a はおなじみの単数を表すしっぽ
ですね．タイトルは「バスク語の人々」，すなわちバスク語を持ってい
る人々，バスク語を話す人々，という意味です．その下に2行に亘っ
て Gure hizkuntzaren historia, gure historiaren hizkuntza とサブタイ
トルがあります．gure は「私たちの」，hizkuntzaren と historiaren は
hizkuntza「言語」，historia「歴史」（どちらも a で終わる語）に「〜の」
を表すしっぽ -ren が付いているものです．というわけで意味は「私た
ちの言語の歴史，私たちの歴史の言語」ですね．サブタイトルの下にあ
る XAMAR，これが著者の名前です．この Xamar さん，次のページ
にも登場します．この本を元に全6巻の DVD も作られており，日本
語の字幕も付いています．

【家の名前のしくみ】

　バスクでは伝統的に人生の基盤は「家」であり，家屋には名前をつけるならいでした．今も山の中の農家の家屋などは古くからの名前を受け継いでいます．家の名前には様々なパターンがあります．最もよくあるのはその立地に因むものです．例えば，筆者の友人Aさんの家（下の写真）はAgerreといいますが，

これは「開けた場所」の意で，実際にこの家は山道を登ったところに急に開けている平地にあります．Bさんの家のMunategiという名は，muin「丘」と-tegi「場所」から成る語ですが，家の裏には二つの小高い山があったそうです．現在は別の場所に移転していますが，名前は引き継がれています．また，139ページに登場したXamarさん

写真提供：Ander Agirrezabalaga

のお母さんの生家はXamarrenaという名で，これは「Xamar（人名）の家」を意味します．これはその家の初代の家主の名に因んだもので，ポピュラーな命名の型の一つです．また，AさんもBさんも，知り合いの間では名字ではなく家の名前で呼ばれています．Xamarさんも本名は別にあり，家の名前に因んでXamarと呼ばれているわけです．かつて名字がなかった時代には，家の名前で互いを区別していたのですが，当時の習慣が今も生き生きと継承されています．

　他に，Etxandi（etxe「家」+ handi「大きい」）やAroztegi（arotz「大工」+ -tegi「場所」）など，家の様子や家業に因んだものもあります．

　Dさんの家（下の写真）はOdriozolatxoといい，-txoは「ちっちゃな」
の意です．この家はOdriozolaという家を本家とする分家で，「こちら
は本家よりも小さいですよ」と謙虚さを示すためにこのように命名され
たとのことです．

写真提供：Garazi Garai

　意味はわかるのだけれど，なぜこんな名前が付いたのかわからない，
という例もあります．筆者はTxokolateという名の家を見たことがあ
ります．意味が「チョコレート」であることは明白なのですが，外見がチョ
コレート色というわけでもなく，なぜこのように命名されたのか？につ
いては，諸説あるものの不明なのです．Basajaundegiは「basajaunの
場所」の意です．basajaunとはバスクの伝説に出てくる異形の精霊の
ような存在です．確かにこの家は，夜はきっと漆黒の闇に包まれるであ
ろう山の奥，いかにも人知の及ばない何者かが出てきそうな雰囲気の中
にぽつんと建っています．が，その名の由来はよくわかっていません．
　もう一つ面白いのは，役場に登録されている公式の名称と，実際の呼
び方（発音）が異なることがよくあるということです．Antxumarriaga
は，その住人や近所の人たちは「アチュンベリ」と言っていますし，
Gorostietaは「コスティティェ」と発音されています．

【即興歌のしくみ】

　バスクには，その場で韻文（詩）を作り伝統的なメロディにのせて歌う，ベルチョ（bertso）という即興歌があります．お祝いの席や会食の場，祭などで歌われ，コンクールも頻繁に開かれています．ベルチョを作って歌う人をベルチョラリ（bertsolari）と呼びます．バスク語の韻文の歴史は古く，中世に遡ると言われています．短い戯れ歌のようなものから，吟遊詩人が歌っていた比較的長い詩まで，脚韻を踏むのが伝統です．

　ベルチョには様々な詩型がありますが，どの型にも共通するのは，全体の行数と1行の音節数が決まっており，さらに決まった箇所で脚韻を踏むということです．また，意味の切れ目を置く箇所も決まっています．例をご覧ください．

Batzutan da argia,	はっきりしていたり
*besteetan il**una**;*	ぼんやりしていたり；
batzutan pilakoa,	回転が速かったり
*besteetan ast**una**;*	重く鈍かったり；
kanpotik ilea du,	外側には毛があり
*barruan gar**una**;*	内側には脳ミソが；
lepo gainean denok	誰もが頸の上に
*daukagun lag**una**,*	乗せている同胞，
gehiegik gutxiegi	ほとんどの人がほとんど
*erabiltzen d**una**.*	使っていないもの．

　この詩は奇数行が7音節，偶数行が6音節，全部で10行から成るアマレコ・チキアという形式です．この形式では偶数行ごとに脚韻を踏

みます．脚韻を見てみましょう．偶数行の終わりには，iluna, astuna, garuna, laguna, duna と，共通して -una に終わる語が配置されていますね．最後の1音節だけを合わせる押韻もありますが，この例のように複数の音節にわたる押韻はそれだけ困難であるため，高く評価されます．このようにきれいに韻を踏みながらつじつまの合った内容の詩をその場で作って歌うためには，言うまでもなく豊かな語彙力が必須です．また，メロディは歌い継がれてきた多くものの中から当該の詩の形式に合うものを選ぶことになるので，ベルチョラリはあらゆる形式に合うメロディをたくさん知っています．そのうえコンクールでは，テーマと詩の形式が指定され，それに従ってその場で即座に詩を作って歌わなければなりません．例に挙げたベルチョは1997年の大規模なコンクールで，ベルチョラリのアンドニ・エガニャ（Andoni Egaña）さんが「アマレコ・チキアの形式で，『頭』を描写しなさい」と形式とテーマを指定された上で披露したものです．このように，たくさんの厳しい縛りの中で瞬時に詩を考えてベルチョに仕立て上げるのはまさにことばの名人芸と言えます．このような離れ技を見せてくれるベルチョラリは「頭の良いことばの魔術師」としてとても尊敬されています．そして嬉しいことに，この古くから伝わる口承文芸は，後継者に困っていないのです．21世紀の現在も，最新のファッションに身を包んだ現代的な若者たちが日々真剣に技を磨いています．

（出典：Bertsozale Elkartea. *"Euskal Herriko Bertsolari Txapelketa Nagusia 97."* Elkarlanean S.L. p.238）

【キーボードのしくみ】

　バスク語のいわゆる標準語で使われる文字は，23 ページに挙げてあるとおりですが，その中で特殊なものは ñ/Ñ だけです．標準語以外では，フランス領バスクのスベロア方言で ü/Ü も使われます．なお，外国語の固有名詞や外来語の多くは，慣習的に特別に決まっているもの以外は，当該言語におけるスペリング（ラテン文字以外のものはラテン文字に転写したもの）をそのまま取り入れますので，例えばフランス語の地名ですと，Réunion，Finistère，Rhône に見られるように，é や è や ô なども適宜使われるということになります．それらについては当該言語のものを参照していただければと思います．

　ではまず，ñ/Ñ ですが，小文字 ñ は，Mac ではオプションキー＋ N ＋ N で，大文字 Ñ はオプションキー＋ N ＋シフトキー＋ N で出てきます．これは固有名詞に多く使われるもので，頻出するものではありません．男子の名の Iñaki や Beñat，女子の名の Begoña，地名では Iruñea，Abadiño など，固有名詞以外では ñimiño「ちっちゃな」，ñabardura「ニュアンス」などがありますが，数としてはわずかです．

　次にスベロア方言で使われる ü/Ü です．バスク語を外国語として学ぶ方々はスベロア方言で読み書きすることはほとんどないとは思いますが，スベロア地方の地名を書く機会はあるかもしれませんね．スベロアの町村名のリストを一瞥するだけでも，ü/Ü を含むものは Aitzürükü，Larüntze，Ündüreine など，いくつかあります．ü は，オプションキー＋ U ＋ U，Ü はオプションキー＋ U ＋シフトキー＋ U で打ち出すことができます．

　もちろん，ñ/Ñ も ü/Ü も，〈挿入〉→〈特殊文字〉からも入力できます．

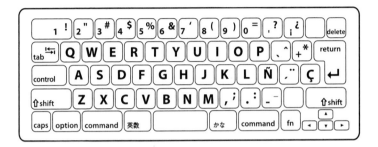

　スマートフォンの場合は，ñ/Ñ に関してはスペイン語のキーボードを追加しておくと便利です．ü/Ü は U のキーを長押しすると，ú や ù や û などとともに候補の一つとして出てきます．下の図は大文字のキーボードですが，左下の⬆をタップして⇧にすると小文字が出ます．

参考図書ガイド

『ニューエクスプレスプラス　バスク語』吉田浩美著，白水社，2019 年.

　　拙著で恐縮です．バスク語の文法と会話の基礎を学べるように編んだ
ものです．ドリルも豊富で，音声も付いています．

『バスク語入門』下宮忠雄，大修館書店，1979 年.

　　少し古いのですが，バスク語の歴史，文学史，会話入門，文法概説，
諺集など，盛りだくさんな内容で，総合的な案内となっています．

「バスク語」（『言語学大辞典』第 3 巻 世界言語編 下 -1　ぬ〜ほ），田村
すず子，1992 年.

　　辞典のなかの一項目として書かれていますが，バスク語の歴史，文法
がコンパクトにまとまっています．

『バスク語常用 6000 語』吉田浩美編，大学書林，1992 年.

　　私の編書で恐縮です．これは辞書ではなく，語彙集です．バスク語−
日本語の辞書は刊行されていません．

"The Basque Language", Alan R. King, Nevada University Press,
1994.

　　英語で書かれている独習用の入門書です．大部なもので，会話，文法
解説，豊富なドリル，読み物，語彙集が付いています．

"Aurrera!" Vol.1&2, Linda White, Nevada University Press, 2008.

　　これも英語で書かれた入門書です．これもやや大きめです．文法解説
のほか，ドリル，語彙集など，独習のための配慮がいっぱいです．

著者紹介

吉田浩美（よしだ　ひろみ）

　秋田県生まれ．早稲田大学第一文学部卒，東京大学人文社会研究科言語学専門分野博士課程修了．博士（文学）．専門は言語学，フィールドワークに基づき現代バスク語諸方言の音韻や文法の記述を行なっている．早稲田大学，大阪大学などでバスク語の授業を担当している．主な著書に『バスクの伝説』（1994, 大学書林），『バスク語常用 6000 語』（1992, 大学書林），『ニューエクスプレスプラス　バスク語』（2019, 白水社）など．日本語からバスク語への翻訳書に“Arratsaldeko atoia”（1994, Ibaizabal. 三島由紀夫『午後の曳航』），“Chuya Nakahara”（2017, Susa. 中原中也の詩のアンソロジー），“Nagusia kanpoan bizi da / 1928ko martxoaren 15a”（2017, Katakrak. 小林多喜二『不在地主／一九二八・三・十五』）がある．またバスク地方の雑誌やラジオ局などとコラボした活動も行なっている．

音声吹き込み

Tomas Ezeizabarrena（トマス・エセイサバレナ）

バスク語のしくみ《新版》

2021 年 11 月 15 日　印刷
2021 年 12 月 5 日　発行

著　者 ⓒ 吉　田　浩　美

発行者　　及　川　直　志

印刷所　　株式会社　精興社

〒101-0052　東京都千代田区神田小川町 3 の 24
発行所　　電話　03-3291-7811（営業部），7821（編集部）　　株式会社　白水社
　　　　　www.hakusuisha.co.jp
乱丁・落丁本は，送料小社負担にてお取り替えいたします．

振替　00190-5-33228　　　　Printed in Japan　　　　　　　加瀬製本

ISBN978-4-560-08926-2

通読できる入門書！

はじめての外国語なのにスラスラ読める！ 文法用語や表に頼らない，とっても楽しい入門書．名前しか知らなかった"言葉"が，あなたのお気に入りになるかもしれません．

言葉のしくみ 《新版》
シリーズ

ロシア語のしくみ	黒田龍之助	バスク語のしくみ	吉田浩美
ハンガリー語のしくみ	大島 一	古典ギリシア語のしくみ	植田かおり
クロアチア語のしくみ	三谷惠子	日本語のしくみ	山田敏弘
ラテン語のしくみ	小倉博行	韓国語のしくみ	増田忠幸
フィンランド語のしくみ	吉田欣吾	中国語のしくみ	池田 巧
ノルウェー語のしくみ	青木順子	モンゴル語のしくみ	温品廉三
ドイツ語のしくみ	清野智昭	ベトナム語のしくみ	田原洋樹
イタリア語のしくみ	野里紳一郎	インドネシア語のしくみ	降幡正志
フランス語のしくみ	佐藤 康	スワヒリ語のしくみ	竹村景子
スペイン語のしくみ	岡本信照		

各巻 ■B6変型 ■146頁